暴走する中国が世界を終わらせる

オンナ・カネ・権力への妄執の果て

宮崎正弘×福島香織

ビジネス社

はじめに　乱世に生きる日本人の覚悟と責任

「生於乱世有種責任　焼滾気雰　安撫世人　譲我的不朽風韻…」（乱世に生まれたら、ある種の責任があるの　気分を滾らせ　みなの心を慰める　私の不朽の艶姿…）

香港の雨傘革命を取材していたとき、学生たちがこんな歌を歌っているのを時折に耳にした。「生於乱世有種責任」と書かれたTシャツを着た姿や、ポスターもよく見かけた。これは香港人気歌手のデニス・ホー（何韻詩）が二〇〇五年にリリースした名曲「艶光四射」のさびの一節である。スポットライトの中心に立つスターの心情を歌ったこのバラードは、二〇一四年秋に香港でおきた「真の普通選挙」要求運動の雨傘革命に参加した若者たちの心象にぴったりだった。彼女のこの名曲が雨傘革命ソングに選ばれたせい、とはいわないが、この後、デニス・ホーは中国から強い圧力をうけて音楽活動をずいぶん阻害されることになった。

乱世に生まれたら、ある種の責任があるの……。若者たちはそう思って香港の官庁街や金融街の公道を七十五日にわたって占拠したのだと改めて思う。あの運動は若者側の挫折で終わったという人は多いが、同時に乱世の始まりを予感させる出来事であり、その時代に生まれたものに何かを問いかけるアクションとして大きな意義があった。彼らは乱世に生まれた者の責任感から、警官隊の催涙スプレーなどの暴力にさらされる恐怖、就職など将来のチャンスを失うリスクへの恐怖と戦いながら運動に参加したのだ。

そう、時代はすでに乱世に突入している。少なくとも香港の若者たちはそう認識していた。そしてこの乱世の中心にいるプレイヤーの一人は間違いなく中国である。あるいは中国が引き起こしている乱世ともいえる。

乱世とはなにか。世の秩序をつかさどるルールメーカー、主役プレイヤーたちが入れ替わるときに起きる混乱だと私は考えている。第二次大戦後の世界秩序のルールメーカーは、基本は戦勝国である米国を中心とする国連だった。東西冷戦や冷戦構造の崩壊、EUの設立、湾岸戦争といった世界を揺るがす大事件は続いているが、ルールメーカーの交代を予感させるような事態にまでは至っていなかった。だがこの数年のうち、明らかに世界がプレイヤー交代を求めてきしんでいる。

それまで世界は米国的な自由と民主、法治を普遍的価値観とし、ドルを基軸通貨として、一つにまとまるという幻想にむかっていた。グローバリゼーションとはアメリカニゼーションともいわれた。米国の正義が基準となって世界が裁かれ、秩序の枠組みに組み入れられた。だがそのグローバリゼーションになじめない文化・価値観の世界も当然ある。行き過ぎた米国的正義の押し付けが限界を迎えたとき、グローバリゼーションの逆流がおきた。その最初の大きな逆流は、二〇〇一年九月十一日におきたアメリカ同時多発テロ事件だったろう。そこから、米国的秩序やその価値観になじまない独自の伝統ある文化と価値観をもつイスラム勢力の巻き返しが起き、いまや極端なイスラム原理主義者が暴力的手法で国家の創設まで標ぼうしている。

世界最大の軍事力と経済力をもつ米国はかなり無茶をして、長らくこうしたイスラム勢力と「正義の戦い」を展開してきたが、オバマ政権になっていよいよ国力の疲弊を認めざるをえなくなった。二〇一三年には「米国は世界の警察官ではない」といいだすまでになった。

時を同じくしてEUの枠組みも揺らいでいた。米国以上に、自由と民主の普遍的価値を信奉していたEUは、EU内の一部の国の経済破綻問題や大量移民による文化的衝突などでその普遍的価値の根幹が揺らいでしまった。市民の間に自国中心主義、ナショナリズムが台頭し、ついには英国のEU離脱という事態に至り、ヨーロッパ統合が幻想であるという事実を突きつけた。ブレグジットはグローバリゼーションの終わりの始まり、と専門家たちは論評した。

イスラム勢力の台頭、米国のレームダック、EUの揺らぎ。こうした世界の変化に、目ざとく反応してきたのが中国である。

かつてアジアの大半を勢力下においていた清朝時代の栄光を、なぜか中国共産党は自分たちが受け継げると考えていた。だが第二次大戦が終結しても、国共内戦が続き、共産党一党独裁体制国家が成立した後も、大衆を巻き込む激しい権力闘争の末、国内は荒れ放題であった。そこで中国は、野望などみじんも見せずに、米国に近づいた。当時、米国が恐れるのは旧ソ連であり、米国も中国を自分たちの陣営に引き込むつもりで近づいた。一九七二年のニクソン訪問以降、米国がいかに中国に多大な支援を送ってきたかはいまさら説明の必要もないだろう。米国は中国がやがて米国式の価値観、秩序を順守する民主国家になると期待して、大量の資金や技術のみならず軍事的支援すら行ってきたのだった。中国は韜光養晦《とうこうようかい》（野望を隠して実力を養う）戦術に徹し、米国は知ってか知らずか、中国を大国に育て上げた。ひょっとすると、米国がいちばん恐れていたのは、かつて敵として戦った日本の台頭のほうで、その日本を抑え込む重石として中国の大国化に力を貸したのかもしれない。だが、まさか中国が米国に対し、太平洋をハワイあたりで分割して米中で管理しようという「太平洋分割管理」を提案するほど大国意識を持ち、米国を敵対外国勢力と呼ぶようになるとは思っていなかっただろう。

ちょうど、世界の枠組みの変化の兆しが表れてきた時代に、中国で習近平という指導者が誕生した。彼は必ずしも国家指導者として類まれなる才能やカリスマ性というものを持ち合わせているわけではなかったが、秩序の破壊を恐れないという点では毛沢東《もうたくとう》以来の大胆さを発揮した。反腐敗キャンペーンという建前のもと、政治局常務委員経験者や自分の恩人、かつての庇護者まで失脚させていった。共産党独裁は、集団指導体制という寡頭独裁であり、独裁といえども党内に秩序とルールはあった。だが習近平はそれを無視した権力闘争を展開し、権力を自分に集中させる行動をとった。おそらくは、為政者として能力的に侮られがちであったコンプレックスの裏返しが、他人を信用しない猜疑心の強い性格となったのかもしれない。

二〇一六年夏現在、習近平には盟友とよべる仲間はおらず、後継者と期待を寄せられるような部下や後輩もいない。後継者を育成していないということは、従来の総書記の任期・最長二期十年、引退年齢は六十八歳というルールを無視して三期、四期とも自分が総書記、国家主席、党中央軍事委員会主席を務めるつもりではないか、といわれている。そうして長期独裁体制を築いた末は、世襲制でも復活させるのではないか、と揶揄《やゆ》されている。

習近平自身、江沢民《こうたくみん》派の後継者として、胡錦濤《こきんとう》派の後継者の李克強《りこっきょう》と総書記の座を争ったあげく、江沢民派の後押しのおかげで総書記の座を勝ち取ったのだが、彼が権力の座についていて最初にやったことは、自分を総書記に押し上げてくれた恩人・江沢民派の面々を失脚させたり、追い詰めることだった。因果応報ということを考えると、習近平が誰を後継者に選んでも、その後継者に失脚させられる可能性があるということでもある。彼のような性格は、結局、血縁者しか信じられないであろう、と党内でささやかれているものだから、北京の記者たちは、にわかに東南アジアのどこかの国に庇護されているという噂の「習近平の長男」の所在を探りはじめるわけである。習近平には、福建《ふっけん》省長時代の二〇〇〇年ごろ関係があった地元テレビの人気キャスター・夢雪《モンシュエ》との間に長男をもうけており、母子ともに東南アジアの某国で習近平の庇護のもと、英才教育を受けて、いずれ偽名で中国官僚政治家としてデビューするのではないか、というもっともらしい噂が流れている。

習近平という共産党秩序の破壊者が、世界の秩序がきしんでいるのに気づいて、国際秩序への挑戦をしかけているのが、いまの状況だろう。ハーグ国際仲裁裁判所で中国の南シナ海における行動に一点の正当性も歴史的根拠もないという裁定を下されても、それを紙くず、茶番と一蹴したことは明らかな国際秩序への挑戦だ。日本の尖閣諸島周辺に、民兵を漁民に扮装させて数百隻もの漁船に来襲させる手法も、これは便衣兵に相当すると考えれば、国際法上違反であり、既存のルール無視である。

いまの中国は既存の秩序をないがしろにして、最終的には自分たちの作る中華秩序を国際秩序に適用していこうと狙っている。中華秩序とは、華夷秩序、中国の指導者（皇帝）

を頂点に世界の枠組みを考えるということであり、法治よりも徳治、民主よりも優秀な指導者の導きにより秩序を保つやり方である。外交は対等ではなく、中国の恩恵を受けて周辺国が栄えるという冊封、宗属関係の発想が根底にある。たとえば、タイで中国の公安関係者が勝手に容疑者を拉致しようがタイ政府が文句もいわないような外交関係は明らかに、独立した国同士の対等な外交関係というよりは宗属関係に近い。

当たり前だが、日本のように早々に法治と民主、自由になじんだ独立国にとっては、そのような秩序は受け入れがたい。私は日本人として中国がこうした野望をもってルールメーカーとして台頭してくることに脅威を感じている。

日本は長らく敗戦国として米国式秩序の枠組みのなかでおとなしく生きていた。ある意味、日本の台頭を抑え込む目的で構築された国連の秩序だが、米国の核の傘のもと、自らの安全保障にさほど腐心せずに経済活動に専念できた環境は、日本人には居心地がよかったのだ。米国が世界のルールメーカーであり続け、世界の警察官であり続けることができるなら、この与えられた秩序に疑問も持たずに従い、平和を謳歌し続けたいと、私も願ったことだろう。

だが、時代は乱世の始まりに差し掛かった。いままでなじんだ秩序とはまったく違う価値観をもつ隣国、中国が台頭し、アジアを中心に中華秩序圏を拡大しようと動きだした。

かの国は、国際社会のルールメーカーであろうとしている一方で、国内には大きな矛盾と限界を抱えている。それは共産党政治と資本主義経済という異質のシステムを同時に行おうとすることで起きた矛盾であり限界である。経済的にも社会的にも必ずしも安定しておらず、貧富の格差によるモラルの低下、人権無視が横行して人心も荒れている。

この国内の矛盾を解消する一つの方法としても、対外膨張、中華圏秩序の拡大が必要だという考えが根強くある。国内の矛盾を国外に広げれば、それだけ矛盾の濃度は薄まる。言い方を変えれば、中国の国内問題や混乱を海外に輸出することでもある。中華秩序の拡大が成功して、アジアの盟主の赤い帝国として台頭するにしても、国内矛盾がはじけて旧ソ連のように体制が崩壊したり、五つか七つに分裂するにしても、世界の既存秩序は大いにかき乱されることになるだろう。

すでに中国は、既存の国際秩序に対して挑発を繰り返し、ときに、武力行使も辞さない可能性もほのめかせている。強者がルールメーカーになるのだから、誰が強者かを、いっそのこと腕っぷしで決めればよい、ということだ。エスカレートする南シナ海の軍事的挑発はまさに習近平政権のそういう考え方を反映しているように見える。

そうした中国の暴走が世界の既存秩序の枠組みを揺るがせ、あるいは終わらせようとしている。この動きに各国が、どう対処していくのか。新たなルールメーカーを決めなおすというなら、ロシアもトルコも黙ってはいない。米国の新しい大統領は、ひょっとすると国際秩序よりもアメリカ・ファーストを掲げるようになるかもしれない。ＡＳＥＡＮの小国の中には西側秩序よりも中華秩序のほうになじみやすい国もある。この時代の潮目をどう読んで、どっちの方向に泳いでわたろうか。世界各国が乱世到来の予感をもって、真剣に自国の行く末を考えている。

日本人は自国の行く末を考えているだろうか。いまだ、戦後秩序のなかで与えられた平和を享受しているだけでよいと考えている人が多いのではないだろうか。いまが、乱世の始まりだと考えている人はどのくらいいるだろうか。チャイナ・リスクを口にすると、中国の脅威を無責任にあおると批判されることも多いが、あおられるどころか、リスクの存在に気づいてすらいない人のほうが圧倒的に多いのではないだろうか。

そういう懸念をくすぶらせているおりしも、国際政治に縦横無尽に通じた評論家の宮崎正弘氏との対談の機会が与えられた。チャイナ・リスクの存在をいち早く啓発し続けてきた氏と、世界の既存秩序の軋みとそこに現れた中国の暴走の本質について二日にわたって語りあかしたのが本書である。

中国の暴走で既存の世界秩序の枠組みが終わり、新たな世界の枠組みが登場するとしたら、そこに日本はどういう立ち位置でどういう役割を担っているのか。国際秩序に一方的に組み込まれるのではなく、国際秩序を形成する側になることは考えてもみないのか。本書はけっして、中国の脅威をあおって日本人の嫌中感情を刺激する目的でまとめられたものではない。むしろ、中国の「暴走」に見える行動の裏に見えてくる世界の変化の中で日本人の認識と覚悟を問いたい、というのが私の願いだ。

乱世に生きている以上、それを考えねばならないある種の責任というものが、私たちにあるのではないかと思う。

二〇一六年八月

福島香織

◆本書では、対談本の性質上、世界各国の公人の尊称を省略している部分があります。

第二章 習近平に扼殺される香港

第三章 習王朝崩壊 三つのシナリオ

第四章 権力闘争の陰に悪女あり

第五章　経済壊滅ゆえに戦争を狙う中国

第六章 習近平に襲いかかる中国の近未来

終章 中国がロシア―トルコ―イスラエル基軸に加わる日（宮崎正弘）

序章

習近平はプーチンとエルドアン型独裁を志向

トルコの反クーデターを模範にする習近平

宮崎　本論にはいる前に、二〇一六年七月十五日から十六日にかけてトルコで発生したエルドアン失脚を狙った軍事クーデターと、その失敗ぶり、そして中国の意外な対応ぶりを見たいと思います。

このクーデター未遂騒ぎは、北京時間七月十六日払暁《ふつぎょう》でした。この第一報をうけとるや、習近平は跳ね起きて、外交部、国家安全部に詳しい情報報告をあげるように命じ、ただちに在京の政治局幹部を招集するよう栗戦書《りっせんしょ》（中央弁公処主任、政治局委員）に伝えたといいます（『博訊新聞網』七月十七日）。

中国共産党にとって、いつ起きるかわからない軍事クーデターですから、震撼したのも当然でしょう。

習近平はトルコ政変を重大な教訓として新しく治安対策、とりわけ幹部の身辺警護のあり方の検討をするよう関係各部署に通達しました。すでに就任以来、習近平は中南海《ちゅうなんかい》をまもる警衛局のメンバーをすべて交替させています。江沢民《こうたくみん》、胡錦濤《こきんとう》時代の警護班は全員が入れ替わっていましたが、それでも安心できない。

十二時間後にクーデターが失敗したとの報がはいると、習近平は安堵の様子をみせつつ、

親日的なトルコ

人口	約7866万人（2015年推定、中東ではエジプトに次ぐ規模）
面積	78.36万平方キロ（日本の約2倍）
国内総生産（GDP）	7995億ドル（約84兆円、14年、中東で最大規模）
主要工業品	自動車、鉄鋼
宗教	99%がイスラム教（大多数がスンニ派）
日本からの進出企業数	138社（15年）

「なにが本当の原因だったのか」、徹底的に解析せよと指示しました。事実、習近平、夫人の彭麗媛《ほうれいえん》、そして王岐山《おうきざん》と李克強《りこっきょう》はこれまでも何回か暗殺の危機に遭遇しており、軍隊の不穏な空気が流れる瀋陽《しんよう》軍区（現在の「北部戦区」）が管轄する遼寧《りょうねい》、吉林《きちりん》、黒竜江《こくりゅうこう》省の視察に際しては軍隊の基地、駐屯地をパスする行程を組むなどそれなりの防御策を講じています。

福島　習近平が最も恐れているのはクーデターと暗殺だといわれていますし、実際、それだけ恨まれることもしてきましたからね。

　それで、エルドアンが十二時間でクーデターを制圧した手法にいたく感心したそうです。会議では具体的に次のような〝クーデター対策〟をまとめ上げたと聞いています。

①国家最高指導者に万一、不測の事態が起きた

ときにすぐさま「国家危急プラン」なるものを発動する。
②解放軍中部戦区、特に北京衛戍区、北京市公安局が出動して首都の異常状況を監視、党と国家の指導者が首都不在の間の首都防衛に努める。
③トルコ政変は軍のコントロール喪失が理由であった。軍の忠誠証明が非常に重要になる。党が軍の指導権を確実に掌握しなければならない。軍と各安全警備部門の忠誠を改めて確認。
④改めて党政、軍の最高幹部層、中央警衛局全部の人員の背景、身辺調査を行い、何らかの〝疑念〟があれば即更迭する。
⑤首都の地区安全保障を状況に応じて「戦備」級から「戦時」級までレベルアップする。
⑥海・陸・空三軍および衛戍《えいじゅ》部隊、武装警察、公安消防などは政変を含む突発事件に備えた模擬演習を行う。
⑦トルコ政変の教訓から、人民日報、新華社、中央テレビ（CCTV）など重要メディアの警備工作を見直し強化する。同時にインターネットに対する監視コントロールを強化し、重大事件が発生したときに効果的なコントロールをできるようにする。
⑧モバイル、電信、ネット通信運営企業に対する警備工作を強化する。
⑨水道電気など重要ライフラインインフラおよび重要道路交通施設の警備工作を強化す

る。

⑩治安維持における最重要点は、全国各地の大衆・世論の厳密なコントロール。不穏の芽を見つけたらすぐさま萌芽の状態のうちに消滅させる。

政変に備えた模擬演習とか、不穏の芽を見つけたらすぐさま消滅とか、どれだけクーターを恐れているのか、といった感じです。

宮崎　旧瀋陽軍区は失脚させられた徐才厚《じょさいこう》の息のかかった軍人が多く、深く習近平を恨んでいる軍人が多数、残存します。

とくに、このタイミングで中国は年に一度の「北戴河《ほくたいが》会議」を控え、くわえて九月には杭州《こうしゅう》で「G20首脳国会議」のホスト国となります。

クーデター情報はロシアが提供か？

宮崎　じつはクーデター側はF16ジェット戦闘機を二機、エルドアンが搭乗していた大統領機を射程内に捉え、レーザーを照射したといいます（七月十八日付『アジア・タイムズ』）。

なぜミサイルを発射しなかったのかが謎として残りますが、パイロットが内通者だったのか、あるいは土壇場の命令がこなかったのか。政府軍の反撃が、クーデター首謀者を先に拘束するか、殺害に成功していたかでしょう。

エルドアンが夏季休暇で過ごしていたマルマリスのリゾートホテルを武装ヘリコプターが襲撃したのは、エルドアンが逃げた後でした。武装ヘリは爆弾を落とし、銃撃を加えながらマルマリスのホテルに降り立った。クーデター側には二十五名の兵士が乗っていた。間一髪の脱出だったとされます。エルドアンの軍備兵二人が死んでいます。

トルコ軍のクーデターはみごとに失敗しました。しかし、問題はその後です。中国共産党が注目したのは、「その後のエルドアンの迅速な反撃」、そのパターンをモデル化することにあった。

クーデター失敗と同時に軍に投降を呼びかけますが、どさくさまぎれに軍隊の反エルドアン派軍人ばかりか、司法、検察、警察およそ三千名弱も拘束され、むしろエルドアンの権力基盤を強めてしまったのは皮肉というほかはありません。

この迅速な対応にこそ、習近平は瞠目したのではないですか？

つまりクーデターが起きた後の対応についての処方箋のモデルでしょう。

げんに九月四日から浙江省杭州で開催されたG20の直前、杭州が厳戒態勢となったため、長蛇の車列、西湖は封鎖され、習近平のボディガードは増強されています。

杭州といえば私も何回か行ったものですが、浙江省の省都で、町の中心に拡がる西湖には世界から観光客が集まり、華やかな観光地。中国六大古都（ほかは北京、西安《せいあん》、南京《なんきん》、開《かい》封《ほう》、洛陽《らくよう》）の一つですね。
麓の中山公園には有名は印鑑店（西泠印社）があって大繁盛を極め、とくに日本人観光客なら、ここで印鑑を作る人が多い。あるいはせめて朱肉を買う（小さな朱肉でも千円もします）。郊外に「中国のシリコンバレー」が開けており、アリババの本社もここです。ハイテク企業の集積地でもあり、殷賑《いんしん》を極める。日本からも成田と関空から日航、全日空ともに直行便があります。一昔前は上海からバスで四時間ほどかかったものでした。

さてこの浙江省の書記を、福建省に十七年間もいた習近平が腰掛け的に一時期、つとめた。その浙江省書記時代に江沢民が視察にきたことがあり、歴史的沿革をなにも知らない習に替わって彭麗媛夫人が説明したという逸話は有名です。

その町が長い車列で交通渋滞となり、西湖はＩＤカードもしくはパスポートを提示しないと園内に入れず、また荷物検査が行われました。

Ｇ20の警備が目的でしたが、自爆テロ、要人暗殺を極度に警戒しているからで、習近平は中南海の警備陣メンバーを総入れ替えし、とくにボディガードの数を増やしました。彼の車の周りには常に十六名のＳＰがついていることが種々の映像から確認できますが、これって、米国大統領より、ガードが厳しくなっています。

福島　エルドアンは結局、クーデターを利用して、政敵を徹底排除しましたから、いちばん得したやつが真犯人、という推理ドラマのセオリーから、自作自演説まで飛び出たくらいです。おそらくはクーデター情報を事前に入手し、周到な準備をしていたのでしょう。

このクーデター情報の入手先は、エルドアン自身が女婿からだと言明していますが、依然ロシアによる協力説がくすぶっています。アラブメディアがトルコ外交官僚筋の情報として報じたところによれば、シリアのフメイミム基地を拠点とするロシアの軍事諜報機関が、トルコ軍部の無線通信を傍受していたというのです。それでクーデター首謀者らが、エルドアンを拘束または暗殺するためにマルマリスのホテルへ数機のヘリコプターを差し向けようとしていたことなどの情報を、ロシア国防省がトルコ国家情報機構（ＭＩＴ）へ伝えたため、エルドアンはクーデター首謀者がホテルにたどり着く前に、専用機で脱出でき、反撃に成功した、という。これが事実かどうかは別として、トルコとロシアの急接近とクーデター計画は因果関係がありそうです。

宮崎　もともとエルドアンと軍の関係は悪く、緊張関係が続いてきました。したがって、以前から軍の反乱の動きは監視され、モニターされていた。クーデター側は、このエルドアンの反撃シナリオが準備されていることを事前に見抜けなかった。だから失敗したと考えられるのです。

同じく失敗に終わったソ連最後のクーデターも、静養先のゴルバチョフの身柄を確保した。クーデターとは、その究極の目的は体制のトップを葬《ほおむ》り去ることにあり、それに失敗した時点でクーデターは終わりなのです。「ムスリム同胞団」から分裂した一部の兵士がなしたエジプトのサダト大統領の場合は暗殺が目的だった。クーデターの準備はエジプト軍内ではなかったわけです。

ネットは世論誘導の最強ツール

宮崎　いずれにしても真相は「危機一髪」でしたね。軍の首謀者は中途半端な計画で軍を動かしたのではない。失敗すれば死刑は免れないから必死になるのも当然ですよ。

アンカラ近郊の三つの空軍基地からは、それぞれクーデター側の戦闘機や武装ヘリが飛び立ち、国会議事堂ビルを爆撃し、テレビ局を占拠しています。二百六十名以上の犠牲がでています。

もともと三月三十一日の段階で、軍の首脳はロシア情報筋から流れていたトルコ軍のクーデターの動きを否定していました。その前にも、軍内部に不穏な動きがあることはトルコのメディアによって報道されていたけれど、国際的には注目されなかった。

その危機を知覚していたエルドアン大統領は、周囲の護衛を増やし、万一の用意をしていたのです。独裁者、権力者とはそうしてつねに身構えているのです。

トルコの地図

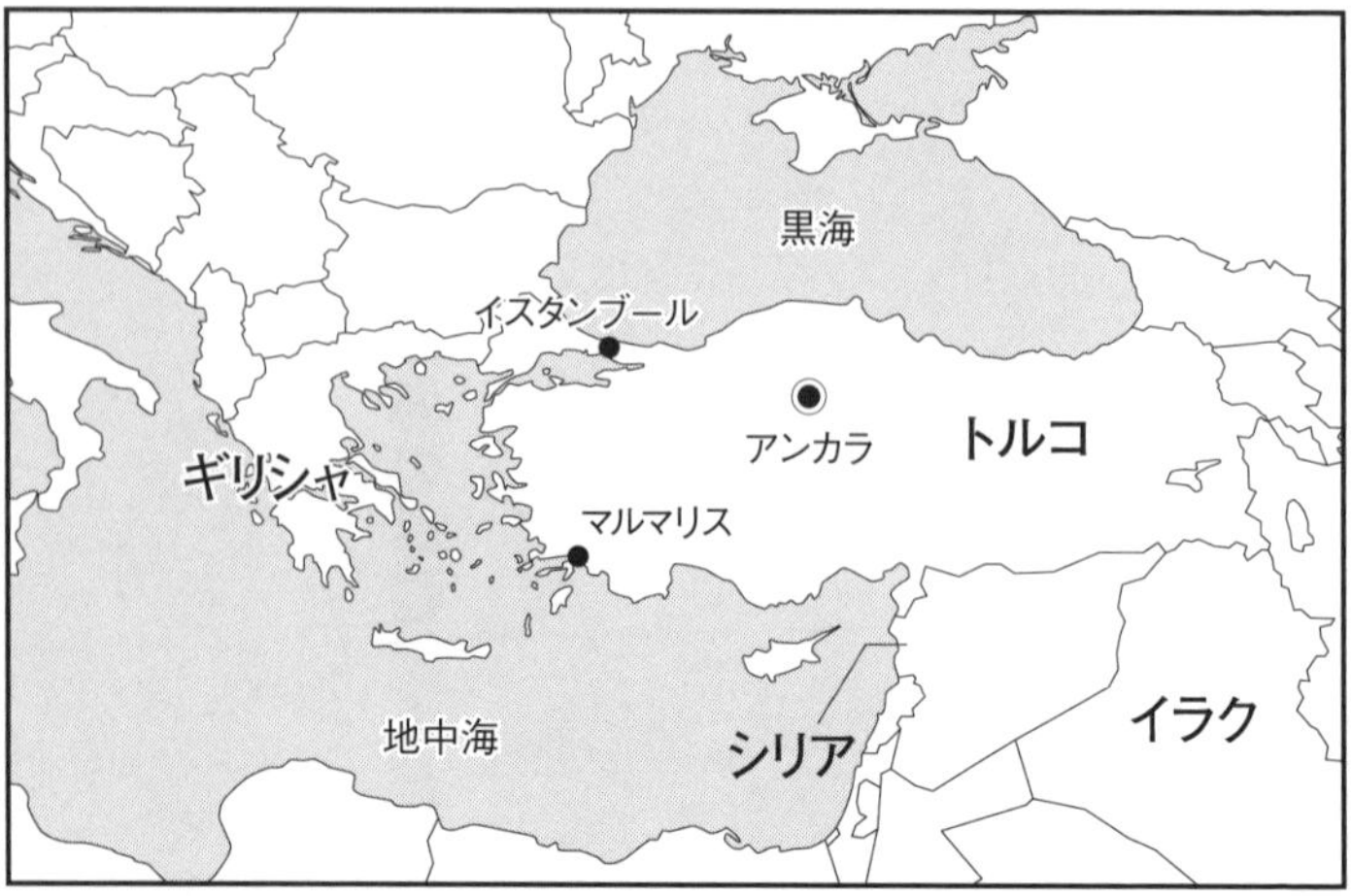

クーデター発生から、エルドアンはいち早くイスタンブール空港へもどって直接指揮を執るという手際の良さを見せたものでした。習近平は、これほどの迅速な対応がとれるか、きっと熟慮したのでしょうね（笑）。

そして反撃の武器がツイッターだったことは想定外のことでしたね。

トルコにおいてジャーナリズムを監視し、反対派の新聞社を休刊させ、そのうえでソーシャルメディアを冷遇してきたのはエルドアンなのですから。

エルドアンが発信したフェイスタイム動画やツイッターのメッセージは「国民よ、軍をとめよ。町に出よ、戦車を止めよ」であり、これがCNNトルコ支局から流された。

これが流れを変えた。

習近平はネットを監視し、ネット監視団を二百万人も組織して二十四時間、ネットに飛び交う意見を押さえ込んでいます。その彼が、土壇場でネットに頼るという矛盾した場面を想像してみてください。

福島　ネットをコントロールしているものが、ネットを最大利用できるというのは別に不思議なことではなく、ある意味当然のことなのです。ですから、トルコ・クーデター事件の後、習近平はすぐさまインターネットコントロールの強化を通達しました。すでに中国ではネットとは世論誘導の最強ツールという位置づけです。いわゆる五毛党の世論誘導書き込みは年間五億件近いというハーバード大学のデータ分析研究チームのリポートをみても、中国の世論誘導技術は、世界の独裁者から羨望のまなざしを受けていますね。

習近平とエルドアンの決定的な違い

宮崎　トルコの「市民」がいち早く現場に駆けつけて、トルコの国旗を振りながら戦車と対峙し、軍を相手に迅速にデモ行進をしたというのは頷けませんね。あらかじめ組織されたエルドアン側の別働隊が事前に用意していたトルコ国旗をもって、組織的に動員がかけられて駆けつけたのではなかったのか。

福島　エルドアンのクーデター制圧の成功の真の秘訣は、彼を支持する市民層がそれなりに厚い、ということです。エルドアンがネットで呼びかけても、市民がそっぽを向いては、このような短時間でクーデターを収束させることができなかった。彼の支持者がどのぐらいの多数になるか、私は確認できていませんが、少なくとも民衆を代表するのはエルドアン側で、彼は民主主義を守れ、と市民に呼び掛けたのです。

習近平がネットを完全にコントロールしているか、ということと、市民の支持を得ているか、ということは別の次元の問題です。私は、このクーデター事件のあと、中国とトルコに留学経験のあるウイグル問題の研究者の友人に「エルドアンは習近平と似ていると思うか?」と質問したことがあります。彼女は「まったく似ていない! 一緒にしないでほしい」と反発していました。

彼女はけっして親エルドアンの立場ではありませんが、それでもエルドアンがシリア難民も、ウイグルや旧ソ連圏のテュルク系など、政治的に問題を抱えた人間を積極的に受け入れてきた点について、「習近平より人権派」と評しています。いわゆる世俗派リベラル派の多い教育レベルの高いトルコ人は蛇蝎《だかつ》のごとく嫌っていますが、それこそ中国新疆《しんきょう》地域から、習近平の弾圧を逃れてトルコにわたってきたウイグル人からみれば、神様のような英雄に見える。総数から考えればエルドアンを慕う国民のほうが多いようです。政敵に容赦がないという点は確かに習近平と共通点があるのですが、習近平が国民からエルドアンほど支持されているか、というと疑問です。

もともと習近平は庶民派アピールを打ち出して、基層民（労働者・農民）から圧倒的支持を得ている、という触れ込みでした。確かに、農村にいけば習近平の顔のついたお皿が飾ってあり、習近平の偶像化が進んでいるという印象もあります。ただ、彼は基層民の利益を代表するような政治を行っているかというと、実際のところは行っていない。労働者の権利運動を弾圧していますし、農村の自治も弾圧している。テレビの前で、肉まんの行列に並んで庶民性をアピールしているけれども、その行列自体が全員〝さくら〟であったという証言を得ています。彼の政治は必ずしも基層民の利益を代表していない。

習近平が大衆の利益代表として、党の既得権益層と対立するという構図をつくることができれば、習近平が独裁者として成功する可能性がありますが、実際のところ習近平自身が党の既得権益層ですし、同じ独裁的指導者でも、エルドアンと習近平はやはり格が違うという気がします。

ですからネットをかなり強固にコントロールしている習近平が、ネットで呼びかけても、必ずしも丸腰のネットユーザーが素手で戦車を取りかこんで現政権を守るためにクーデターを阻止するかというと、そうはならないかもしれません。

反日デモ暴動など、相手が無抵抗なら大暴れする中国庶民ですが、彼らは基本、力の信奉者、強きにおもねり、弱きをたたく性質があります。むしろクーデター側が勝ちそうだとみたら、軍側についたりすると思います。どっちが勝ちそうか、最初は息をひそめて眺める、そういう用心深さもある人たちです。

エルドアンを叩く欧米メディア

宮崎　結局、トルコの「独裁者」となりつつあるエルドアンの目的は何か？

オスマントルコ帝国を復活させ、自らがカリフになろうとしているとすれば、ライバルのギュレン師とその関係者すべての追い落としを画策するのは、政治闘争の常套手段として理解できますね。中国の権力闘争が典型ですが、熾烈な権力闘争の本質とは、そうしたものですから。

またクーデター直前まで黒海を遊弋《ゆうよく》していたトルコ海軍の艦船十四隻が、しばし所在不明となったようですが、クーデター未遂事件に海軍の関与は報じられていない。

三日も経たないうちに、エルドアンは軍人、司法関係七千五百四十三名、警官八千七百七十七名、財務省職員千五百名の拘束、追放をはかったというが、さらに教育委員会に命じて大学学長、学部長クラス千五百五十七名の辞職勧告をするように指示しました。

このような過剰な拘束、証拠不十分な起訴は人権問題として、欧米はクーデターそのものを批判するものの、その後の、エルドアンの過剰な行為には警告を発しています。死刑の復活など、「民主主義のルールを逸脱している。人権問題になる恐れがある」として批判に転じており、論点では欧米は一致しています。

福島　すでに述べたように、エルドアンを人権派と評価する向きもあるのです。つまり、彼がその利益を代表する集団というのは、トルコ内において相当の数に上るということです。ただ、政敵に対する容赦のなさは、日本などとは文化の違いを痛感しますね。エルドアンのやりすぎ感は確かにトルコ内の閉塞感を生んでいて、見過ごすことのできない人権問題だと思います。ただ、エルドアン政権は日本の安倍晋三政権などとも親和性が高く、周辺諸国との折り合いを模索できる柔軟さが垣間見えます。その点、習近平政権とは決定的に違う。むしろエルドアンに似ているのはロシアのプーチンのほうでしょう。

習近平はプーチンにはなれない

宮崎　このチャンスを逆利用し始めたのがロシアです。トルコ滞在中だったロシア人の観光客は四十五万人。トルコが治安悪化、政情不安となってドイツ人観光客が激減し、その空隙をロシアが埋めていた。ロシアのトルコ観光客は七五％の増加を示していました。

ロシアの論調を読んでいますと、「米国はトルコのＮＡＴＯメンバー資格を疑い始めた」

「ドイツはエルドアン独裁を嫌ってトルコ空軍基地に展開していたＡＷＡＣＳ（早期警戒管制機）を撤収した」。欧米がトルコと距離をとりはじめた状況に乗じて、独自にトルコへの接近をはかるロシアというわけです。しかし昨年のロシア機撃墜の恨みは忘れていない。ロシアは、ＩＳが密輸する石油タンカーを空爆し、二千台のトラック密輸団のうち、千五百台を破壊させたのですが、この石油密輸はエルドアン大統領の息子が絡むダーティビジネスだったことは世界的にリークされました。

ロシアの言い分ではＩＳのスポンサーはトルコだったと攻撃しています。石油密輸ルートを破壊され、この重要な利権を台無しにされたことでエルドアンはロシア機撃墜を命じたのだとするのがロシアの解釈です。したがってロシアはまだ怒りがおさまらない様子でしたが、八月九日にはエルドアンがサンクトペテルブルクへ飛んで、プーチンと会見しています。その後の詳しいことは「あとがき」で書くことにします。

それはともかくとして、クーデターへの反撃の迅速さ、その組織的な反クーデター戦争をしかけて独裁権をより強固なものとしたトルコのエルドアンこそは、習近平の当面のモデルとなったのではありませんか。

福島　確かに習近平はエルドアンが相当好きみたいですよ。プーチンも大好きらしい。ですが、この二人は、習近平よりも独裁者としての器が相当上ではないでしょうか。

第一章

南シナ海「完敗」は習近平の自爆か？

南シナ海「完敗」の衝撃

宮崎　フィリピンが提訴していた南シナ海の権益をめぐる問題で仲裁裁判所（オランダ・ハーグ）が七月十二日に下した判決は、中国にとって「完敗」としかいえない内容でした。

判決要旨は大きく四つあります。

第一に、中国が独自に設定した「九段線」に法的根拠はない。そもそも九段線なんて蔣介石の大風呂敷、なに一つ法的、歴史的根拠はないのですからね。第二に、南沙《なんさ》（英語名スプラトリー）諸島には、法的な「島」はなく「岩」であるため中国の「EEZ」（排他的経済水域）は設定できない。第三に埋め立てや人工島造成によって南沙諸島の「環境破壊」を著しく促した。第四に、フィリピンの伝統的漁業権利への妨害、海洋の安全に関する条約義務違反、仲裁手続き中にも対立悪化の助長などは「不当行為」にあたる。いやはや、予想以上に素晴らしい判決内容です（笑）。

福島　フィリピンが訴えた十五項目中、先行判決のでた七項目は、ほぼすべてフィリピンの言い分が認められた格好です。

宮崎　中国は判決のでるまえから南シナ海で「四人もの上将が参加する」海軍の大規模な演習を始めたり、南シナ海にまったく縁もゆかりもないような中国の「支持国はすでに六

中国は南シナ海の軍事基地化を目論む

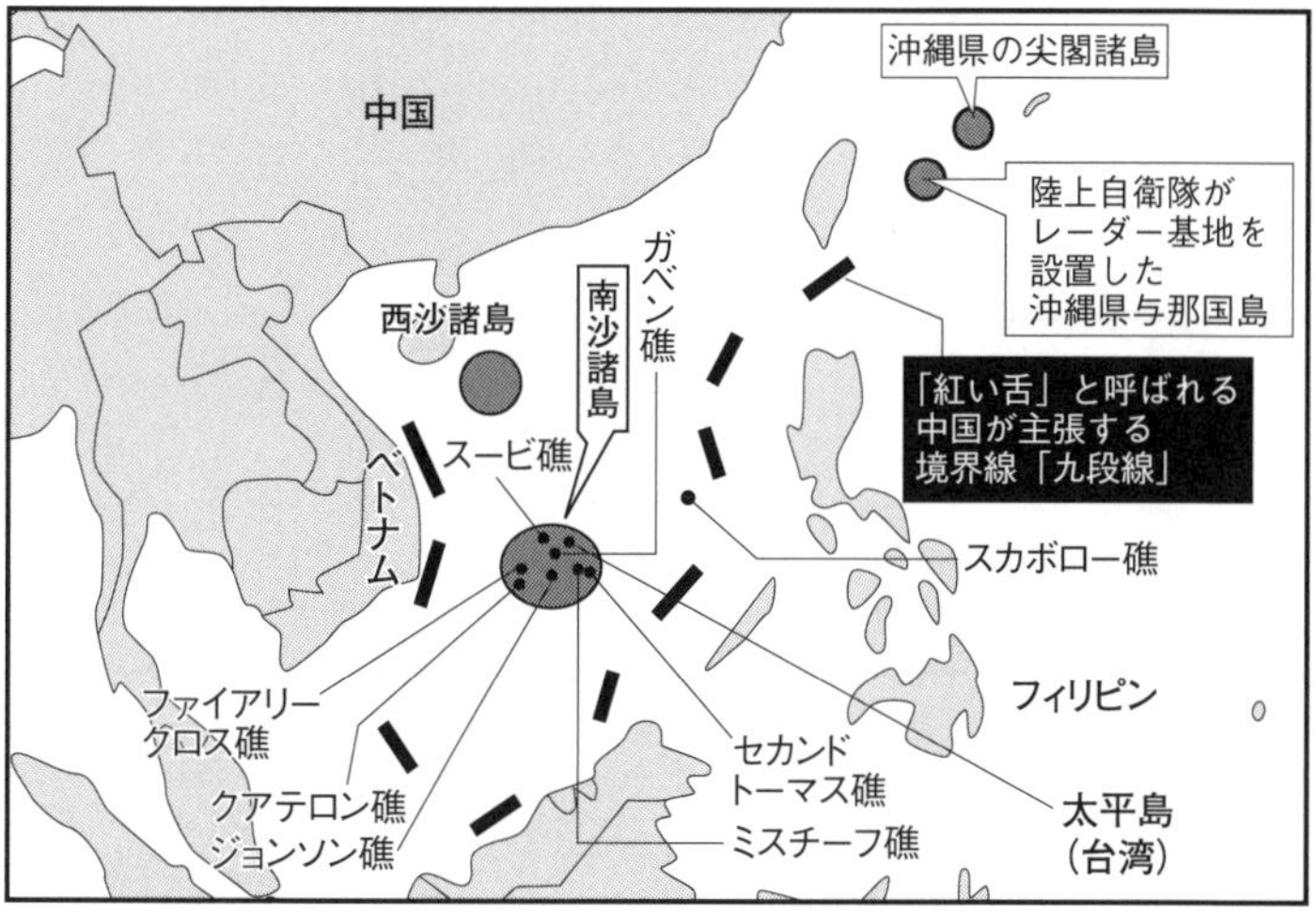

十カ国に達した」と主張したり、大騒ぎを始めていました。

その一方で、中国当局は、敗訴を見越して「中国の台頭を阻止するための米国の策略だ」（南シナ海研究院の呉士存《ごしぞん》院長）などと裁判を米国の「政治陰謀」と批判していましたが、全面敗訴がいざ確定すると、にわかに日本批判にすり替えだした。背後で日本が策謀したとか、これもまた、いつものように見えすいた手口です。

福島　フィリピンが訴えを申し立てた二〇一三年当時に、柳井俊二氏（元駐米大使）が国際海洋法裁判所所長を務めていたことを取りあげ、柳井氏が五人中四人の裁判官を選出したとし「当初から裁判は政治化していた」（中国外務省の陸慷《りくこう》報道局長）というのがその言い分です。

しかし、そもそもの問題は、当初から裁判を拒否していた中国側にあります。裁判官五人のうち二人は裁判の当事国が一人ずつ選べます。現にフィリピンはドイツ人裁判官を選びましたが、中国は権利を行使しませんでした。このため、国連海洋法条約の取り決めに基づき、国際海洋法裁判所長だった柳井氏が任命したというのがことの経緯です。

まず柳井氏は「紛争当事国でも関係国でもなく、中立的な立場にある」として、ポーランド人裁判官を任命しました。しかも事前にその旨を中国側に手紙で提案をしたものの、返事はなかった。

残りの三人にしても、規定ではフィリピンと中国が協議して決めるのですが、中国が参加しなかったため、柳井氏がフランス、オランダ、ガーナの裁判官を指名したといいます。柳井氏は自身が任命した四人について「有能な法律家で、海洋法の知識を持つ、公平で誠実な人ばかりを選んだ」と話しています（七月十四日付『朝日新聞』）。したがって、柳井氏は職務を果たしたにすぎません。

国際法を「紙くず」と罵倒

宮崎　中国は判決が出るまえから、仲裁裁判所の判断を「ただの紙くずだ」と公言してい

仲裁裁判による紛争解決は様々な事例がある

当事国	争点と経過
両国が判決に従う	
バングラデシュ対インド	ベンガル湾の境界。2014年、8割近くをバングラの管轄と認める
判決が出る前に交渉で決着	
マレーシア対シンガポール	シンガポールによるジョホール海峡の埋め立て。計画変更などで決着
アイルランド対英国	英国の核燃料再処理工場の建設。アイルランドが取り下げ
一方の当事国が取り合わず	
オランダ対ロシア	ロシアのガス田に近づいた環境保護団体を同国が13年に拿捕。ロシアが裁判を欠席
仲裁裁判所が判決を出さず	
オーストラリア、ニュージーランド対日本	日本のミナミマグロの調査漁獲の停止を要求。仲裁裁判所は00年に管轄権なしと判断

ました。国際法を「紙くず」というのは凄い法律感覚ですね。さすが「法治」ではなく「人治」の国だ。七月五日に米ワシントンで講演した戴秉国《たいへいこく》・前国務委員は、「米国が十の空母戦闘群をすべて南シナ海に派遣したとしても、中国人は恐れない」と米国を牽制したといいます。

しかし、彼は現役の国務委員じゃないでしょう。現職をはずれた人は原則、外遊はしないはずですがね。

福島　裁定が公表された十二日午後五時過ぎ（北京現地時間）直後から、中国外務省は裁定に猛反発する政府声明を発表し、外務大臣の王毅《おうき》氏も「茶番」と評しました。そして、国営新華通信社は「単なる紙くず」との論評を配信しました。

宮崎　「紙くず」といっても、中国だって国際条約の下で紛争を解決する国連海洋法条約（ＵＮＣＬＯＳ）に加盟しているわけですからね。したがって、仲裁裁判所の判断には「拘束力」があり中国は従う義務がある。もっとも、制裁する仕組みがないため、中国にいわせれば「紙くず」なのでしょう。

ただ中国は焦ってはいますね。

この裁判所というのは国際法の常識に従って判定するのであって、中国がいかに事前工作をしようと、判決を捻《ね》じ曲げることはできない。

福島　じつは事前工作をしようとはしたらしいです。自分たちの事前工作がうまくいかなかったから、日本がやったのだろう、と。いずれにしろ、この裁判に対して、習近平政権はかかわるべきときにかかわらず、あとで下手な工作をしようとして余計に心象を悪くした部分があります。だから習近平の判断ミスであったと、党中央内で批判が起きているのです。八月に行われた共産党中央の秘密会議、北戴河《ほくたいが》会議では習近平は、この件でかなりまずい立場に立たされました。

宮崎　それは逆にいうと安倍政権に対する過大評価ですよね（笑）。

福島　面白いことに、中国は安倍政権にしても日本政府にしてもそうですが、権力で何でもできると思っています。言論統制もできると思っている。それはものすごい力ですからね。ある種、そんな素晴らしい統治能力があったら、安保法制などもっと話は早いはずなんですが。

宮崎　第三次安倍内閣、第二次改造で防衛大臣に任命された稲田朋美さんを中国はさっそく、「右翼政治家」と批判しはじめ、中国の英文メディアは「レディー・ホーク（タカ派女史）」と書いていました。

「フィリピンのトランプ」はひよる

福島　南シナ海情勢は大変流動的なので、今後を予測することは、非常に難しいのですが、しかし、私は残念ながらフィリピンのほうが妥協するのではないかとみています。

宮崎　問題の核心は「フィリピンのトランプ」といわれるロドリゴ・ドゥテルテ大統領です。「犯罪者は法の範囲内で殺害する」「私が大統領になれば、血を見る機会が増える」などの発言のように南部ミンダナオ島のダバオ市長として、超法規的なやり方で治安を改善した実績を誇り、そこに強いリーダーシップを見いだした有権者の支持を得て、六月に大統領に就任したばかりです。

ドゥテルテ大統領は、いままでのフィリピン大統領のなかでは珍しくアメリカの影が重なっていない。なおかつ華人でしょう。やはりご先祖の出身地は福建省?

福島　『ＳＡＰＩＯ』などが、そう報道していますね。母方の祖母がそうで、「呂」という姓だったといいます。中国語もわかるようです。彼の側近も華人の子孫だといわれている。「チャンネル桜」のリポーターの大高未貴さんが、大統領の側近に直接取材したところでは、中国人の血は入っていないということなので真相はわかりません。ただ、彼が特徴的なのは大学時代の恩師がフィリピン共産党（ＣＰＰ）の最高指導者ジョマ・シソン氏だったことです。

宮崎　ということは、武装闘争をやっていたわけですね。それはまた微妙なときに微妙な人が大統領になったものです。

福島　日本でも一部の人が、「彼は愛国者だ」というようなことをいっていますが、ちょっと違うと思います。むしろ、悪い意味でのポピュリストではないか、と。

宮崎　日本共産党だって愛国といっていますから（笑）。そのうえ、ドゥテルテは閣僚に四人の共産党員を指名しています。

福島　思想的にはバリバリの左派です。フィリピン共産党は毛沢東《もうたくとう》主義から出発しています。いちばん過激なところなので、中国共産党とも気は合うでしょう。少なくとも中国はフィリピンとは気が合うとみて、すでに経済協力など様々に工作を仕掛けているようです。

当選後のドゥテルテが最初に面会したのは、駐フィリピン中国大使の趙鑑華《ジャオ・ジエンホア》だと、中国の中央電視台や新華社も盛んに報じました。
就任時には南シナ海問題への対処について聞かれ、「(米国主導の)多国間協議が失敗に終わり、ほかに手がなくなれば、中国と直接話し合うこともあり得る」と発言しています。
つまり、アメリカの「航行の自由」作戦で中国が収まらなければ、南シナ海を実効支配している中国を追い出すことはフィリピンにはできないといっているわけです。

宮崎　まともな軍事力もないしね。フィリピンが中国と戦えないのは、中国もわかりきっています。

福島　大統領だけでなく、内閣自体がかなり親中派になっているのも問題です。たとえば、外務大臣のヤサイ氏は、従来の親米・親日・対中姿勢を変更し全方位外交を行う方針であることを明言していた人です。七月二十六日の日米中の外相とASEANの会合でも「ASEANには何の関係もない」と言い放っています(七月二十七日付『日経新聞』)。そもそも彼は外交経験に乏しく、いうことがしょっちゅうぶれています。

宮崎　その点で、アキノ前大統領は親米欧でしっかりしていました。

アメリカの陰謀でフィリピンがおかしくなった

福島　恐らくアキノ前政権であれば、アメリカに応援を求める可能性が高かったでしょう。

そうなると、米中でかなり緊迫した状況になるのですが、当事国であるフィリピンが二国間で話し合うといったようなことになったら、それを支持せざるをえなくなる。そうなると、中国は南シナ海を確実に手中に収める事態になりかねません。

宮崎　少しフィリピンの歴史をさかのぼると、マルコス政権時代（一九六五―八六年）、つまりアメリカの傀儡《かいらい》といわれたマルコスが、大統領候補のベニグノ・アキノ暗殺事件を契機に民主化運動を背後で煽り、こうしたアメリカの陰謀によって独裁政権がひっくり返ってから、フィリピンはおかしくなりました。

暗殺されたアキノ氏の未亡人であるコラソン・アキノが大統領に選ばれ、それからフィリピンはずっと、いわゆる「民主主義的」な政権だったわけでしょう。アキノも華人ですし、マニラの華僑博物館へ行くと彼女の大きな写真パネルの展示があり、ことさら中国人が祖先であることが強調されています。

フィリピンにもかつて、日本と同じように米軍が駐留していましたが、フィリピン側の意思によって一九九二年までに米軍は撤退した。すると中国はフィリピンが実効支配していた南沙（スプラトリー）諸島のミスチーフ礁に、構造物を建造し、実効支配する（九四年）。一二年にはスカボロー礁も奪います。

息子のベニグノ・アキノ大統領は、対中国のためにアメリカと「米比防衛協力強化協定」

を結び、クラーク基地を再開しました。これは日本にあてはめると「日米安保条約」の改定を意味します。そしてクラーク空軍基地とともに、ゆくゆくはスービック海軍基地を再開させるために、本年中に戦闘機、フリゲート艦を駐留させる計画を実現しようとした。二年前にクラーク基地の町へ行っておどろいたのは韓国との間に定期便が飛んでいたことです。その矢先に大統領が替わり南シナ海の判定がでた。英国のブレグジット（英国のEU離脱）やアメリカのトランプ現象と同じ、晴天の霹靂《へきれき》です。

南シナ海判定でとばっちりを受けた台湾

宮崎　もう一つ、新聞等であまり論じられてない点は台湾です。南沙諸島で台湾が埋め立てを強化したり波頭の装備や飛行機の滑走路の延長工事をやったり、実効支配する南沙《なんさ》諸島の太平島《たいへいとう》についても、排他的経済水域を持たない「岩」との判断が出され、台湾の総統府は「判決は受け入れられない」と反発しております。

福島　台湾の反発は当然でしょう。しかし、中国の外交部が台湾と共同して防衛しようと発言していますが、台湾には共闘する意思は一切ない。ただ、ここできちんと反論しておかないと自分たちの主権が侵害されるという危機感は当然あります。興味深かったのは、ある台湾の若者がインターネットで中国にこう呼びかけていることです。

「一緒に領土を守ろう」「共同防衛しましょう」。それが中国でものすごくヒットしている。中国ではニュースにまでなりましたが、それもおかしな話です。不自然すぎてネット工作員かと思ってしまいました。

宮崎　蔡英文《さいえいぶん》も五月の台湾総統就任以来初の海外メディアのインタビューに応じ、南シナ海問題について中国とは共闘しない意思を伝えています。

福島　これは私の知人がまとめたものですが仲裁裁判所の判定に対する中国の言い分と台湾の言い分を比較しているので紹介します。

　中国側の言い分については先にも紹介したので、ごく簡単にまとめますが、裁判は「政治茶番」であり、「外国政府の画策」によるものにすぎず、「二国間協議に背く」。このような判定を受け入れず、裁判に参加しないことこそが「国際法の地域秩序を保つ」。現に六十数カ国が中国の判断に支持を公にしている。南シナ海での主権や権益は、歴史的法律に基づき、歴代の中国政府は堅持していた。中国の同意を得ない解決方法や中国をそしる解決方法は一切受け入れられない。引き続き協議で平和的解決を模索し、国際法を引き続き堅持する。

　海洋法の変更までいいださなかったのが、私には意外でしたが、恐らく対フィリピン工作に自信を持っているからでしょう。直接、当事国である二国間協議で平和的解決をする、と。そして、フィリピン新政府と中国との関係に注目している。ここでいいたいのは、前政府批判で、だから新政府は関係ないということです。

台湾側もほぼ同時に宣言しています。まず、仲裁裁判所が台湾を「中国台湾当局」と呼んだことを批判し、主権国家としての地位を主張しました。

二番目が太平島はフィリピンが訴えた裁判では争点ではなかったのに、裁判長が拡大解釈して太平島だけでなく、ベトナム、フィリピン、マレーシアが占有している南シナ海の島礁すべてを対象にして、とばっちりを受けた。今回の裁判プロセスでわが国は一回も呼ばれたことがなく、利権を求めたことがないのに勝手に判定した。ゆえに本件は中華民国に対しては一切の法律的な拘束はない。今後は二国間協議でなく、多国間協議を通して平和的に解決したい。

というのが台湾の主張で、中国側は台湾と共同防衛だと盛り上がっていますが、根本的に言い分が違います。中国は当事国の二国間協議を主張しますが、台湾側は多国間協議です。つまり、台湾はアメリカ、日本を引き入れようとしているのです。

宮崎　新政権になったばかりの台湾が中国と距離をとっているのは救いですが、フィリピン以外のＡＳＥＡＮ諸国はどうか。雲行きが怪しいですね。

中国の経済と軍事に圧倒されているASEAN諸国

宮崎　親中度合いの順番からいうとラオスは完全に中国が経済を支配しています。ラオスへの中国の投資額は累積で一位、セメント製造、石油精製施設、発電所、不動産、経済特区、農業など多様な分野への中国投資が進んでいます。中国進出口銀行（輸出入銀行）などの融資を活用したインフラ開発も活発で、鉄道やハイウエーの建設計画もある（日本貿易振興機構）。ただし、ビエンチャンのチャイナタウンへ行くとみすぼらしいばかりで、十年は遅れているような服飾店、掘っ立て小屋のようなビジネスホテル、屋台のごときレストラン、つまり先住華僑と、新しく入ってきた華人とはまったく異なる。

カンボジアの場合も援助は日本が一番出していますが、日本が架けた友好橋の隣に中国が友好橋を架けて対抗したり、プノンペンの一等地は中国人資本家が買い占めて豪邸を建てています。それから、プノンペンでの新都市開発では、新しいビルは大半が中国系です。ランドマークのペンギン・ビルも中国資本。カジノも。だからラオス、カンボジアというのはＡＳＥＡＮの会議では必ず中国の言い分を代弁します。

タイは軍事政権になるまでは、中国に対抗する人たちがわりあい多かったですが、軍はお金に弱いのでしょうかね。

仲裁裁判を巡るASEANの立場

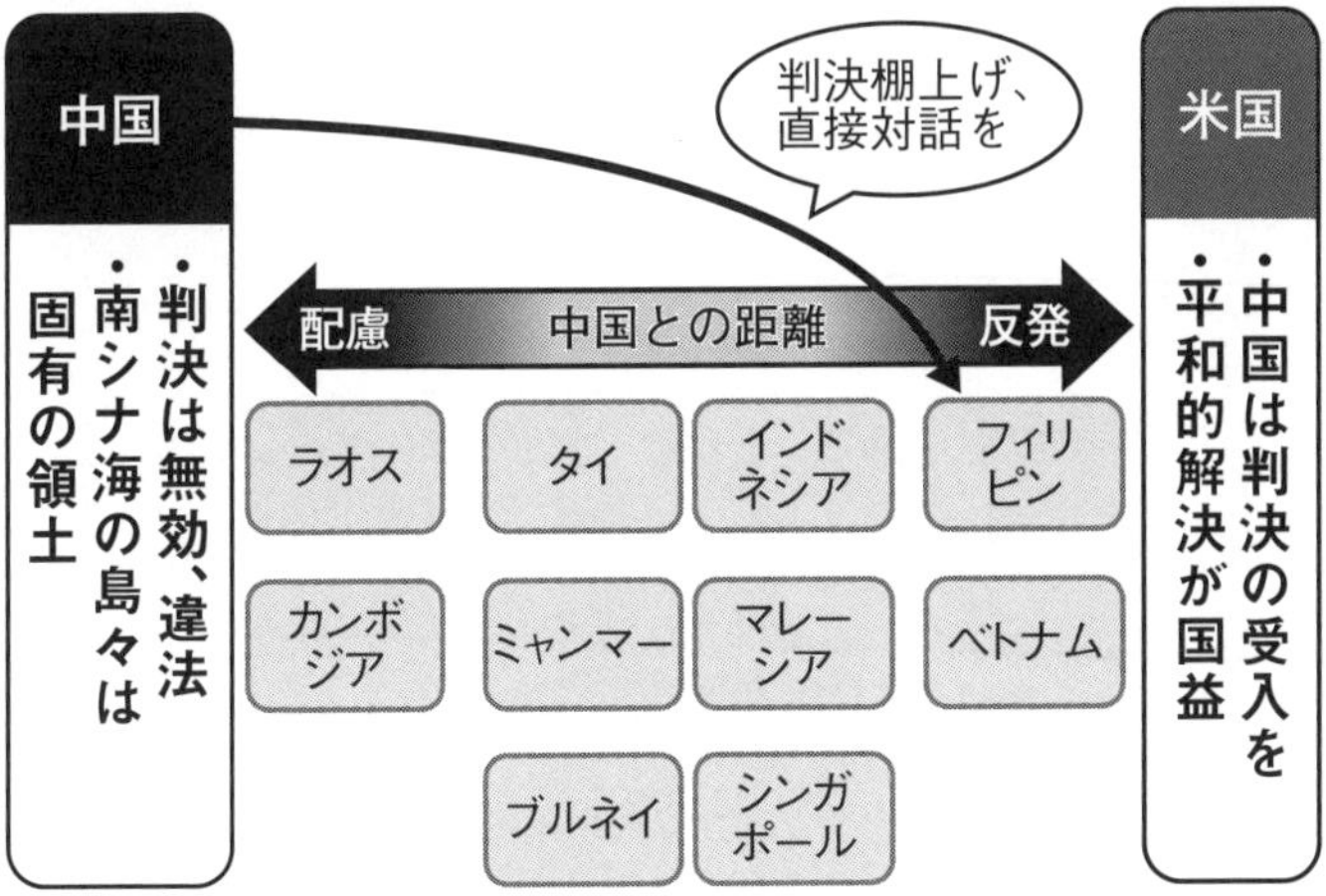

それからブルネイもひよりました。石油、天然ガスが豊富な資源大国で、輸出先のトップは日本（三九・九%、一四年）であるにもかかわらず、中国に依存する理由はなぜか、ブルネイに行ってみてわかりました。

王宮等主要な建物を警護しているのは約千人のグルカ兵なんです。国連が雇っていた二千人のグルカ兵が予算削減で千人失業したのをブルネイが引き取った。つまり、ブルネイには自前の軍事力というのがほとんどない。人民解放軍とブルネイ軍とで、災害支援の合同演習までやっています。ブルネイの民族博物館を見学していたら、ぞろぞろと中国の軍人が入ってきた体験がありますよ。いつの間にか中国の影響力はここまできているのです。

中国への貿易と投資の依存度が高いため、

従来「親中」だったマレーシアが南シナ海問題において中国への態度を硬化させていましたが、そのマレーシアも発言を控えるようになりました。

福島　シンガポールは微妙なんですが、基本的には親中色が強いので、そうなると、残る可能性はベトナムとインドネシアしかありません。ベトナムがフィリピンと同じような裁判をはたして起こすかどうか。ベトナムは漁船を沈没させられていますし、中国に対しては相当な煮え湯を飲まされているので、態度もいちばん強硬です。インドネシアは中国と島の領有権争いはありませんが、漁業資源の横取りに怒って、スシ海洋・水産相が、中国だろうがどこだろうが、違法操業の漁船は軒並み爆破していますね。

しかも、ベトナムのバックにはロシアがいるので、ロシアの意向にもかなり左右されます。もちろん、アメリカも入ってきている。ベトナムの利権はこの両国が張り合っているし、ベトナム側もそれを巧みに利用している。そこにインドネシアもベトナムと対中協力姿勢を打ち出している。これは結構力強い勢力となります。いちばん、中国との局地戦を辞さない姿勢を持っているのはこのあたりでしょうか。

宮崎　ベトナムに関していうと、あれだけ反中なのに、市民や学生が南シナ海で中国大使館に抗議デモをかけると弾圧する。要するにベトナムも一党独裁です。残念ながらＡＳＥＡＮの団結は期待はできそうもありませんね。

南シナ海の年内軍事拠点化は決定事項

福島　南シナ海情勢は非常に緊迫しています。香港の一部のメディアの報道ならびに、現地のチャイナ・ウォッチャーによると、年内に南シナ海の軍事拠点化は習近平自らが指示をだしている決定事項だといいます。特にスカボロー礁の基地化は絶対やれと。だから譲れない。そして来年早々には南シナ海に防空識別圏（国土防衛上の必要から、航空機の敵味方の識別のために特定の距離に設けられている空の防衛圏。日本では航空自衛隊がこれを設けており、日本列島の沿岸約百キロメートル以上、四百〜六百キロメートルまでの範囲をいう）を設定するのが当面の目標のようです。

防空識別圏というのは、民間協定みたいなものだから拘束力は本来ありませんが、この間の東シナ海上空で、自衛隊のドッグファイトもどき——六月十七日、東シナ海上空で中国軍の戦闘機が空自機に対し「攻撃動作を仕掛け、空自機がミサイル攻撃を回避しつつ戦域から離脱した」（六月二十八日『JB・PRESS』・織田邦男論文）——があったのは、中国側にいわせれば防空識別圏で自由に飛んで何が悪いというのが根拠です。したがって、南シナ海でも設定されると非常にややこしい。

宮崎　アメリカは南シナ海における中国の防空識別圏設定には強硬に反対し、何回も航空機を当該領空に飛ばしています。しかし尖閣諸島は完全に中国の防空識別圏に入っています。勝手に入れている。

しかし、問題は解放軍の防空能力です。南シナ海に防空識別権を設定しようがしまいが、実際にあの上空を他国の戦闘機が飛んだときに空軍がスクランブル発進を逐一して追い出すのか、その能力の有無が問題です。ただ識別圏を一方的に宣言するだけなら大きな意味はない。

福島　中国はスカボロー礁を南シナ海の上空監視を完璧にするための前哨基地にするつもりです。計画では滑走路建設も含まれているといいます。そして、パラセル諸島（西沙《せいさ》）のウッディー島（永興島）に解放軍の地対空ミサイルＨＱ－９を配備したほか、Ｊ－11戦闘機、ＪＨ－７戦闘爆撃機などの配備が確認され、西沙の軍事拠点化も着実に進めています。

さらに党中央機関紙・人民日報傘下のタブロイド紙『環球時報』が南シナ海における海上浮動式原発の建設計画を報じました。報道では、目的は燈台などの民事用電力としているものの、鵜呑みにする人はまずいないでしょう。

南シナ海で原発が必要なほど膨大な電気需要があるというならば、それは軍事拠点化に伴う需要、あるいは海洋資源開発を進めるつもりだと考えるのが道理です。しかも、南シナ海に原発を造る意味というのは単なる電力供給というだけでなく、それを理由に中国が民間機の飛行制限を求める可能性があります。実際、原発上空の飛行を安全のために民間機は避ける。そうなると事実上、中国の制空権を認めたことになりかねない。

東シナ海が幸いなのは、尖閣諸島は日本が実行支配しているから防空識別権を設定してもレーダーがありません。東シナ海にレーダーシステムが配備されたら、やっかいです。東シナ海のガス田にレーダーのようなものが建設されているのではないかと、日本が騒ぐのは当然なのです。前述のウッディー島にはすでにレーダーシステムを建設しています。

ですから南シナ海の軍事拠点化というのは、中国の思い通りに進んでいるとみていい。習近平政権が軍に対して絶対にやれと命令しているし、軍も本気です。

宮崎　ただ経済的にみれば、あれだけ離れた、千キロ以上も離れた島にロジスティック（兵站《へいたん》）をこれからも維持していくのは軍事大国＝中国にとっても大変な負担ですよ。軍事的にも常駐部隊を置かなければならないし、そこに食料から衣類から全部運ぶのですから。石油備蓄もいる。その軍事負担に将来的問題として中国経済が耐えられるかどうかが大きな問題です。

「平和のボーナス」を利用する中国

宮崎　アメリカの影響力がアジアの太平洋地域において、今後ますます衰退していくということにあるのではないですか。

福島　習近平があそこまで過激な挑発をしているのは、アメリカから戦争を仕掛けるはずがないと自信があるからだという学者がいます。彼はそのことを「平和のボーナス」といっています。

つまり、長い間世界大戦がなく世の中が平和であることに人々が慣れてしまったため、挑発されても簡単には戦争できない。その「平和のボーナス」をいちばん存分に享受しているのが習近平の中国だというのです。おそらくこの学者は中国の軍事的挑発は戦争目的ではないと自国を擁護したいのでしょうけど、要するに中国はアメリカは戦争ができないと侮っているのでしょう。中国の南シナ海軍事拠点化が加速したのはオバマ大統領は二〇一三年九月十日のテレビ演説で「米国は、世界の警察官ではない」と発言してからです。そして、二〇一四年のクリミア危機での米国の無力さをみて、それを確信したのでしょう。

湾岸戦争から中国はアメリカの衰退を待っていた

宮崎　九一年の湾岸戦争のときに中国がいちばんショックを受けたのは、米国のハイテク兵器による軍事力を目の当たりにしたからです。それからしばらく中国は沈黙します。ところがアメリカはアフガニスタン紛争、イラク戦争が泥沼化したことにより、米軍の戦力の消耗、兵士の厭戦感情の高まりによる志気が低下しはじめた。それを虎視眈々と中国は待っていた。

その決定打がシリアでした。結局、オバマはシリアに介入できず、トンビが油揚げをさらうようにプーチンにみんな成果を持っていかれた。ここで中国は自信を強めた。いまならアメリカは手出ししないだろうと。その証拠にものすごい急ピッチで南シナ海におけるサンゴ礁の埋め立てを行っています。だいたい二年です。それまでは様子をみながらノタノタやっていた軍事施設工事を、いまだと思ったら、電光石火のごとく七つの島を軍事基地にしてしまった。

権力闘争で南シナ海侵略が加速

福島　それには、内政的要因、つまり権力闘争の影響も大きいと思います。

習近平政権というのは、ただでさえ権力基盤の弱い政権でした。江沢民《こうたくみん》、胡錦濤《こきんとう》の二人は、鄧小平《とうしょうへい》が指名したという担保がありましたが、習近平にはそれがない。江沢民と胡錦濤の熾烈な権力闘争の結果の副産物、タナボタみたいカタチで権力を得ただけだと軽くみられていた。しかし前政権時、国家副主席だった彼は胡錦濤vs.江沢民の権力闘争を間近でみていました。いかに胡錦濤が江沢民にいやがらせを受けて何もできなかったか。また、自分の父親の習仲勲《しゅうちゅうくん》が権力闘争で虐められたのもつぶさにみていたので、権力闘争に対しては非常に敏感であった。

面白かったのは香港のゴシップ本『習近平内部講話』にあることですが、習近平が政権を執って間もないころ、「わたしはゴルバチョフにはならない」といった重要な講和をだしたことです。これは内部講話なので、公表されていません。ソ連共産党を崩壊させたゴルバチョフのように自分はならない、中国共産党は絶対に崩壊させないと習近平はいいたいのです。

実はこれには経緯があり、二〇〇八年十二月十八日に、胡錦濤が共産党の執政地位は永遠ではないという重要講話をしていたことを踏まえています。それに対する挑戦なのです。これは全文が報じられています。当時は衝撃的にうけとられました。

党中央の、特に共青団のある程度開明派の人は、いまの国際情勢を鑑みて中国の共産党体制の崩壊に対する危機感を二〇〇八年くらいから持っていた。先の胡錦濤の重要講話は十一期三中全会三十周年記念（鄧小平路線のはじまりから三十年目）に合わせて出されたものです。改革開放三十年目にして、経済をけん引力として共産党の正当性を維持することがむつかしくなったという感覚を党中枢の幹部たちはある程度共有していたのです。

しかし習近平はそれに対して否をとなえ、共産党体制を永続させる、旧ソ連には絶対しないと宣言した。そして出した結論がいまの強軍化路線だったのです。経済で保たない共産党なら軍事で保たせるという発想です。旧ソ連は党が軍のコントロールを失ったから崩壊したので、党が軍を掌握すれば崩壊しないと考えたわけです。

表向きは中央軍事委主席が統帥権を持っているけれども、現実的には制服組が解放軍を十年以上操ってきていました。胡錦濤は、これを国軍化することで、その政治性を抑えようとしたが、できなかった。江沢民は軍に利権を与えることによって手なずけようとしたにすぎません。

宮崎　そういえば、胡錦濤政権末期のころ、解放軍のなかにあっても国軍化は可能だという議論が結構出ていましたね。中国人民解放軍って、なにしろ国家に従属する軍隊ではなく、中国共産党を守る軍隊なのですから。正常な国家であるなら軍は国家に属すべきとする反論が、いま、まったく消えました。習近平がゴルバチョフにはならないというのは、共産党の軍である人民解放軍を国軍化しないということでしょう。

福島　習近平政権において国軍化の議論はタブーです。おっしゃるとおり、彼は国軍化はしないと決めている。胡錦濤も軍制改革に手を付けようとして挫折したのだけれど、それは国軍化が目的だった。習近平は強引に軍制改革を進行中ですが、それは〝習近平を核心とする党中央〟が軍を完全掌握することを目的としている。つまり習近平が軍のコントロールを一手に握りたいということなのです。

解放軍の国軍化はタブー

宮崎 日本人の常識では考えられないことだと思いますが、中国というのは国の上に党がありまます。その党の軍隊が人民解放軍です。つまり、国民と党が対立した場合、人民解放軍は全人口十三億のうちの八千八百万人にすぎない共産党員の命を守るのが使命で、国民は弾圧の対象となります。その端的な例が天安門事件（一九八九年）です。同胞である市民、学生、知識人を鉄砲で撃ち殺したのですからあれこそ「大虐殺」です。

だから、その体制を変える国軍化というのは中国共産党にとってタブーとなる。

福島 習近平の軍改革は国軍化とは真逆の方向、毛沢東の「政権は銃口から生まれる」に向かうものです。これまで政治性を強くもち、時に軍閥化もして共産党中央の意に背く行動もあった解放軍を党中央に忠実な「戦争のできるプロフェッショナル集団」として強軍化改革するのが方針です。党中央といっても習近平個人のことですが。つまり軍内の非戦闘機構、政治や利権に関わる部署の将校を削減して、解放軍の政治性をそぎ落とすのが目的です。政治性と利権があるからこそ、軍内派閥ができ、この軍内派閥の意向が党中央の政治を左右するほどの影響力をもつからです。

宮崎　軍改革前の解放軍には四つの部署(四大総部)がありました。戦争の作戦指揮を執る総参謀部、軍内の人事、政治を仕切る総政治部、軍の装備・管理を仕切る総装備部、軍の兵站・ロジスティクスなど後方勤務を仕切る総後勤部。これらの部署は利権化し、なかでも総政治部はその名のとおり政治体として腐敗の温床となっていました。装備部なんて、軍服、軍靴、兵糧までごまかして、まさに軍幹部と役人の汚職天国の観がありました。

福島　反腐敗運動の名目のもと習近平が失脚させた徐才厚《じょさいこう》はその総政治部の元トップでした。

宮崎　そういえば、国軍化の議論が消えたときに、解放軍の谷俊山《こくしゅんざん》が失脚しましたが、谷俊山が軍の「国軍化」を唱えたため、党から睨まれたから、あるいは団派に近い谷中将は江沢民派の徐才厚と対立し、失脚に追い込まれたのだという分析もあります。

福島　谷俊山失脚には諸説あります。谷俊山を失脚させたのは太子党で当時総後勤部の政治委員だった劉源《りゅうげん》です。主席台に座っている徐才厚、郭伯雄《かくはくゆう》、梁光烈《りょうこうれつ》の三人を前にして、「あなた方三人の軍事委員会責任者は、その地位に何年もいて、このような軍内のひどい腐敗を見逃していたからには、責任はまぬがれ得ませんぞ!」と啖呵《たんか》を切ったのです。三人とも劉源の上官にあたりますから、上官の告発は異例で当時も話題になりました。

宮崎　劉源は劉少奇《りゅうしょうき》の息子ですね。一時は習近平の〝軍師〟といわれた。

福島　その谷俊山の党内の位置付けをめぐって説が錯綜していました。谷は胡錦濤派だという人からすれば、谷俊山潰しは胡錦濤潰しだという説をとりましたが、私は谷俊山潰しの背景にあるのは徐才厚だとみているので、徐才厚潰し説をとっています。ただ当時まことしやかに胡錦濤潰しだといわれたのは、胡錦濤が秘かに軍内で国軍化論争を進めていて、それを仕掛ける若手将校たちのなかに、谷俊山も含まれていたからだといわれています。若手将校たちに会議場で国軍化論争をぶち上げさせて、一斉に立ち上がって国軍化に賛成と盛り上げようとした。その下工作をやろうとしていたのを、事前に潰されたという説があったからだと思います。

習近平への責任追及の刃

宮崎　ともかく南シナ海裁判で中国の完敗判定は習近平政権にとって相当大きな打撃だったのではないか。『産経新聞』の七月十三日付の記事ですが、「政権内で責任追及も」とあります。これは矢板明夫さんの記事ですが、中国政府や官製メディアがそろって「非合法だ」「受け入れられない」などと強く反発しているのは、習政権がダメージを最小限に抑えるために〝不当裁定〟であることを国内外に強くアピールする必要があるからだと分析しています。そして、アフリカや中南米などの小国を取り込む多数派工作を進めるだろう、と。

福島　矢板さんはしっかりしたネタ元を持っているから、そういう声があることはほぼ間違いはないと思います。後の章でみるように、もともと台湾離反、香港離反などの失策により習近平への追及はすでに始まっていたこともあります。
ただ、権力中枢とコネクションをもつ現地の中国の政治ウォッチャーたちによると、彼らが口をそろえていうのは、習近平を制止できるような党内勢力はいまのところはないといっています。このままいけば、習独裁体制が確立する可能性がむしろ高いと。ただし、不確定要素が多いのも事実で、来年、再来年どうなるかというような短期的なことでさえ、予断を許さない情勢のようです。

宮崎　矢板さんはその昔、北京にある中国総局であなたの同僚、私も何回も会ってますが、いつもユニークな情報をたくさん持っていて、特ダネを飛ばす人ですね。

国際秩序vs.中華秩序の行方

福島　習近平政権が党内で責任を問われるかどうかというのは、欧米による国際秩序が中国封じ込めに成功するのが大前提です。もちろん、習近平がそれを許すはずはないからあらゆる手段を使って、ゴリ押ししてくると思います。南シナ海問題というのは、より視点を大きくすれば、国際秩序vs.中華秩序の戦いです。国際秩序vs.中華秩序のいちばんの主戦場が南シナ海であり、その趨勢がどうなるかは現時点では不確定ですが、私は中国側に少し分があるとみています。やはり「当事国」であるフィリピンが無原則的にひよる可能性が高いのではないか。

宮崎　国際秩序対中華秩序の問題はアメリカですが、ここ四年来のアメリカ外交をざっと振り返りますと、オバマ大統領が「アジア・ピボット（回帰）」と言い出して、二〇二〇年までにアジア太平洋におけるアメリカの艦船を五〇％の比率から六〇％にシフトさせる方針を打ち出しました。アジア諸国はそれで勇気づいて中国批判の声もあがるようになった。

福島　仮に南シナ海を中国が制することになれば、国際秩序の地位は失墜します。世界各国が国際秩序から離脱し始める。結局のところ一国が持つ軍事力と経済力が最終的に物事を決めるというような価値観が広がる。

先にも述べたように中国の軍事力と経済力を見せつけられている東南アジア諸国は中国に弱い。必ずしも中華秩序がいいとは思っていないのですが、いかんせん中国の軍事力と経済力というのは東南アジアの小国にとっては、まぎれもない脅威でしょうから。すると南シナ海は中華秩序の支配を例外的に認められる可能性がある。そうなれば、このまま一気に習近平独裁体制――紅い帝国が完成してしまうかもしれません。

宮崎　そういうイヤな状況の到来はぞっとする事実です。

第二章

習近平に扼殺される香港

香港情勢三つの動き

宮崎　本章では激動の香港情勢を論じたいと思います。この一年のうち象徴的な動きが三つあります。

第一に雨傘運動など民主派のなかで非常に若い人たちが台頭してきている。なかには香港独立までいう人も出てきた。食料と水を中国に依拠している香港が独立なんて、その精神は尊ぶにせよ、物理的には不可能ですが、物おじ知らぬ若い世代は本気で主張している。

第二に、それとはまったく正反対に「天安門事件記念館」が閉鎖され、習近平のスキャンダル本を出版しようとした銅鑼湾《トンローワン》書店の店主、店員五名が中国公安に拉致される事件が起きた。言論の自由が香港から消えようとしています。

第三に香港の実業家たちが香港から逃げ出している。特に香港財閥一位の李嘉誠《りかせい》が中国大陸の保有物件をすべて二年前に「高値売り逃げ」し、香港でも新規投資を控え、英国など欧州やカナダなどの不動産に投資対象を切り替えています。さらに、今年（一六年）になってから長江実業とハチソン・ワンポアの事業を再編して、不動産関連を長江実業地産、それ以外の事業を長江和記実業として、両社ともに香港ではなくケイマン諸島に登記したといいます。中国経済の悪化と習近平政権による腐敗摘発活動の香港における影響力の拡

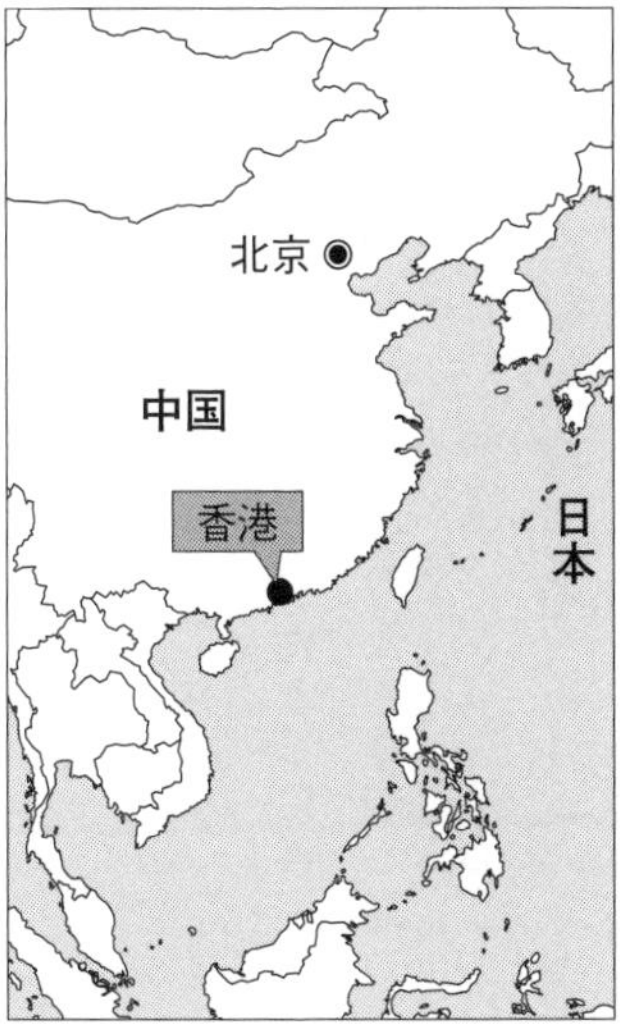

大から香港を見限ったのでしょう。

習近平が登場するまえまでは、香港の利権は江沢民《こうたくみん》派が持っていました。特に曾慶紅《そうけいこう》の陣頭指導によるものでした。

それが一つには太子党派の中の習近平派が入ってきて、怪しげなファンドを立ち上げたりしているうち、香港のトップである行政長官の梁振英《りょうしんえい》がいつの間にか団派から離れて習近平の忠実な下僕と化し、香港の「一国二制度（「一つの国、二つの制度」の略称。中国が香港、マカオ、台湾のみを高度な自治権を有する特別行政区として資本主義制度の実行をみとめた）」を踏みにじるような政策を繰り出している。香港の権力構造が大きく変動しているのではないですか。そのため、台湾の「ひまわり学生運動」に刺戟を受けた学生、知識人が一斉に立ち上がったのが「雨傘革命」です。私も度々、香港へは行きますが、福島さんは雨傘革命もよく取材されていますね。そうそう、あなたは香港支局長だったこともある。

福島　香港がいつから変化したのかというのは比較的はっきりわかっていて、二〇一二年頃から顕著になってきました。この年は胡錦濤《こきんとう》政権から習近平政権へ政権交代するのですが、それまでは香港でアイデンティティの問題というのはほとんど起きていません。少なくとも香港が一国二制度で中国の一部であるということに対して、異論を挟む声は香港人にはほとんどなかった。九七年に香港が中国へ返還されたときはビビッて返還まえに逃げ出したり、悲痛な面持の人も多かったのですが、意外に江沢民政権下の香港は悪くなかった。経済的にはむしろよくなってきたわけです。

そうしたなか、反中感情に目覚める香港人が増えたきっかけが、二〇〇三年に香港でも蔓延した新型肺炎ＳＡＲＳ（サーズ　重症急性呼吸器症候群）です。中国政府がＳＡＲＳ感染の事実を隠蔽したために、香港の国際空港でＳＡＲＳが一気に蔓延して大惨事となり反中感情が急激に高まりました。それでも当時は胡錦濤が、ＣＥＰＡ（中国本土・香港経済連携緊密化取決め）締結など、香港経済をうまくてこ入れして、乗り切ることができた。

それが二〇一二年になって劇的に変わってきた。背景の一つは、やはり国民教育です。

宮崎　前述の梁振英・行政長官の政策ですね。香港の最後の英国総督はパッテン、直後に決まった初代行政長官は董建華《とうけんか》。彼は船会社の社長で、いわば寧波《ねいは》人脈だった。鄧小平《とうしょうへい》路線に近く、江沢民とはウマが合った。いまの梁振英になって、中国本土と同じような愛国心を抱かせるための教育を一部の学校で実施したものの、複数政党制による民主主義を否定すると民主派が猛反発して、事実上の撤回に追い込まれていました。

福島　一番反発したのが十代の若者たち、特に中学生たちでした。そのなかの一人が、有名な黄之鋒《ジョシュア・ウォン》です。この運動は「雨傘革命」の走りみたいなもので、短期間のものでしたが、当局は国民教育の導入を諦めざるをえませんでした。

詳細を述べると、二〇一一年、香港政府は「中国人としての誇りと帰属意識を養う」ことを目的とした道徳・国民教育科の小、中学校導入方針を決め、パブリックコメントを募集しはじめました。これに反発したのが当時中学生であった林朗彦《イヴァン・ラム》や黄之鋒ら、この国民教育を受ける側の子供たちで、彼らはこの年五月二十九日に、学民思潮という反国民教育運動団体を立ち上げました。そして、国民教育導入反対のデモを繰り返し、その規模は拡大し、ティーンエイジャーのこの運動は、中国化する香港に不安を抱いていた大人たちにも拡大。しかし、香港政府側は二〇一二年四月、二〇一三年度（二〇一二年九月）から導入、今後三年のうちに必修化を目指す方針を打ち出しました。これに抵抗する学民思潮と彼らに賛同する教育関係者、保護者らの抗議活動は七月、八月連日デモが繰り返されました。そしてついに、香港の政府総部前を占拠するという、前代未聞の抗議手段にでました。

八月三十日の木曜日、授業をボイコットして政府総部前を占拠せよ、という呼びかけに応じて中学生たちが続々と集まりました。この抗議に合わせて、林朗彦、凱撒《カイザー》、黄莉莉《リリー・ウォン》の三人の学生がハンガーストライキを開始。もともと三日間七十二間絶食するつもりでしたが、体が衰弱して五十六時間でハンストを終えましたが、日本の国会前のなんちゃってハンストと比べると、本気の命がけの抵抗であったと思います。この政府総部前占拠は九月七日まで続き、主催者発表で最大十二万人までが集まったと言われます。この決死の抗議運動に引っ張り出されるように、九月八日に梁振英が記者会見して「今後三年間の必須化期限を撤回し、国民教育の導入については各学校の判断に任せる」という妥協案を出しました。この会見発表をうけて、九日未明、ようやく政府総部前占拠は解散しました。

これは後に、「真の普通選挙実施」を掲げて、二〇一四年九月二十六日から七十九日にわたって官庁街、金融街、繁華街の公道を占拠した「雨傘革命」の運動モデルとなったわけです。雨傘運動は挫折しましたが、反国民教育運動は、こういう形で香港政府から譲歩を引き出し、成功をおさめました。成功したのは、中国がまだ胡錦濤政権であり、まがりなりにも香港の自治を尊重していたから、ともいえます。

宮崎　中国人としての帰属意識教育にノーという若者がこれだけ大勢いることに、中国は相当の危機感をもったようです。

逆差別を受け、希望を失った香港人

福島　もう一つ香港人の意識を変える現象がありました。一人っ子政策をとる大陸から産児制限のない香港へ中国人が大量に押しかけたのです。

香港のＧＤＰも上がって経済も繁栄するメリットがある一方、一気に物価も上がって香港の普通の若者が家も買えず、就職もできなくなった。大陸から優秀な人たちがどんどんやって来て香港でよい就職口を奪っていくからです。

中国から優秀な人材がたくさん来ることにより、香港の若者は相対的に貧しくなっていった。当然、不満も出てくる。そして自分たちの住む街並みが中国人好みに変わっていくのを彼らは目の当たりにした。

香港人の下町を支えていた安いワンタン麵屋が一気に中華食品のチェーンやレストランチェーンに塗り替わり、若者の街である旺角《モンコック》も中国人が好きな貴金属店や、翡翠《ひすい》の店ばかり立ち並ぶようになった。一流ブランド店で中国人が札びらを切って爆買いする。そういうのを見てだんだん中国に対する嫌悪感が芽生えだした。

象徴的だったのはドルチェ＆ガッバーナ事件です。イタリアの有名なブランドであるドルチェ＆ガッバーナは中国人客に対しては店舗の写真を好き放題撮影させていたのに、香港人が同じことをすると警察へ通報したのです。香港には店舗の著作権があり、著作権保護の名目で香港では写真を撮ってはならないという条例があるのですが、中国人に限ってはそうじゃないという実態が『蘋果日報《ひんか》』の取材で明らかになり、それは逆差別じゃないかと世論が沸騰した。いまの日本の在日特権の問題と似ていますが、なぜ、中国人ばかり優遇されるんだと、反中モードが一気に高まったのです。

宮崎　『蘋果日報』は芸能ニュースが多いし、カラーの写真が大きいけれど、発想が自由で良いメディアですね。私も香港に行ったら必ず買いますよ。

反中感情を強引にねじ伏せる習近平

福島　それでも当時はまだ、普通選挙の実現に対しては中国へ期待があったわけです。一国二制度をまだ保っていたし、胡錦濤は、中国に批判的な香港人を国家分裂罪や政府転覆罪で取り締まることを可能にする「国家安全条例」の制定を棚上げするくらいの寛容さが、香港に対してあったので、二〇〇三年を機に始まった普通選挙要求運動は盛り上がり、ひょっとすると二〇一七年には普通選挙が手に入るんじゃないかという期待も高まっていました。まだ希望はあったのです。

宮崎　そうそう、あの頃の香港の人たちには、まだ希望があった。

福島　ところが、二〇一三年に習近平政権になって一気に情勢がかわります。香港の反中感情が盛り上がっていることに対して危機感を持っていた習近平は、あからさまな抑えつけを開始します。決定的だったのが二〇一四年の六月に中国国務院（政府）が初めて出した「香港白書」です。

香港は中国にとって一地方に過ぎないという、香港の自治の根拠だった一国二制度を覆す異例の白書を発表したのです。

香港の憲法である基本法により中国本土とは違い、この法は独立し、言論・報道・出版の自由、集会やデモの自由、信仰の自由が保障されてきました。正確にいえば、基本法というのはイギリスと中国が相談して香港に与えた憲法なので、日本と同様本当の意味での自分たちの憲法ではないのですが、それでも、曲がりなりにもこれを根拠に一国二制度が維持されていたというのがこれまでの香港です。それを覆した。

本来基本法の解釈権は、中国の国会にあたる全人代にあります。全人代を通さず、内閣である国務院が勝手に解釈している。完全に習近平の独断専行です。

こうした強引なやり方に、香港人の危機感がものすごく高まっていた年の夏の終わりに、二〇一七年の香港のトップを選ぶ行政長官選挙の実施に関して候補者の自由な立候補を阻む全人代解釈が出ました。

立候補者は新設される「指名委員会」が選定する仕組みです。つまり、事実上中国共産党の意向に沿わない民主派の出馬は閉ざされることになります。これでは従来の間接選挙より、むしろ選挙制度の改悪だということで一機に抵抗運動が盛り上がった。そこで出てきた運動が「雨傘革命」です。

雨傘革命の挫折で親中派と過激な独立派に分裂

宮崎　あの雨傘革命というのはテレビ中継で観ている限り、相当巧妙に組織化されているし、プラカードとかテント村とかえらい資金が潤沢だと思いました。

福島　資金源としては、黎智英《ジミー・ライ》（蘋果日報創業者）経由、また、アメリカ国務省が資金を提供している全米民主主義基金（NED）という非営利団体からもでているといわれていました。

宮崎　東欧のカラー革命やいまのウクライナもそうですが、民主化運動というとだいたいアメリカとヨーロッパの資金が入ってきて、ジョージ・ソロスのオープン・ソサエティー・ファウンデージョンズ（OSF）に代表されるNPOが背後にいて、パンフレットの作り方やデモのやり方、ソーシャルメディアでの発信方法など一から指導している。悪いとかではなく、香港でも似たような動きがあるのではないか。

とくに外国メディアに対しての情報のリリース、そのマナーは洗練されています。

ＮＥＤというのはＣＩＡがそれまで非公然でやっていたことを公然と行う組織ですね。「アラブの春」でもＮＥＤや、関連団体の全米民主国際研究所（ＮＤＩ）が関与したことがわかっています。

福島　いろんな組織が錯綜していたのは間違いありません。デモをする学生たちに聞いても彼らもよくわかっていないようでした。

リーダーの黄之鋒ならわかっていたかもしれません。私も彼に何度もアタックしたけれど取材できなかったので断定はできませんが。

ただ、アメリカの黄之鋒の持ち上げ方をみていると、ＮＥＤだろうと推測はたちます。しかしそればかりではなく、大陸も団派も動いているのではないか。

いくつかはっきりわかっていることもあります。たとえば、黎智英がお金を出してトラックを動かしているというのは記事にもでていました。彼自身それを認めていて、自分の政治信念から応援していると公言しています。

宮崎　黎智英は蘋果日報の社長（当時）で、そのため起訴されました。さらに自宅に火炎ビンを投げこまれたり、車を突っ込まれたりした。

それ以前から彼はえらい目にあっていて、大陸で経営していたジョルダーノも二店舗放火されています。ジョルダーノは日本でいうユニクロで女優の浅野ゆう子さんがファンだった。さんざんな迫害にあったためジョルダーノの株式を全部売って、香港で唯一の反中新聞『蘋果日報』に集中していたわけでしょう。

話を元に戻すと、民主派にとって雨傘革命は国際的ニュースになって世界中からジャーナリストが香港へ取材に飛んだ。このため主催者が当初想定していた以上の効果を上げたような気がするのですが、いかがですか?

福島　ところが、雨傘革命というのは最終的には失敗で、挫折感を香港人に与えました。挫折すれば夢も希望もないから両極化するわけです。

一つはものすごい極右化、香港人としてアイデンティティを強くもっている独立派、本土派と呼ばれる勢力です。もう一つは親中派。中国に完全に帰属意識を持ってしまう。この二極化が雨傘革命敗北後の一、二年の動きです。

香港人を震撼させた銅鑼湾事件

福島　前者としては、雨傘革命の挫折だけでなく、それよりもたいへんなショックを与えた事件が銅鑼湾書店事件です。これにより一国二制度を中国が公然と踏みにじることが露呈したのです。

これまで香港人は三つの壁からなる一国二制度に守られて〝香港の繁栄〟を享受していました。いちばん外側にあるのが自由主義経済の壁。真ん中にあるのが民主・言論の自由の壁。最後の砦が司法の独立の壁。いちばん外側の壁はすでに破られていた。雨傘革命の挫折により、真ん中の壁が破られた。そして銅鑼湾書店事件により、最後の司法の壁が崩されようとしています。

この現象が、日本の漫画・アニメの『進撃の巨人』に酷似していると香港の若者たちはいいますね。人間を食らう恐ろしい巨人から街を三重の壁で守りながら、巨人と戦う若者の姿を描いているストーリー漫画ですが、香港人にとっての巨人とは、まさしく中国だと。あの漫画は香港人と中国の戦いを描いているのだ、と。

香港で忽然《こつぜん》と人間が消えるという恐怖に香港人はいま戦《おのの》いています。

宮崎　香港ばかりかタイのリゾートにいた作家まで拉致された。彼はスウェーデン国籍でしょう。なにしろこの人、三週間で一冊、本を書くほどエネルギッシュな作家でもありました。拉致された書店員の一人は英国籍をもっていました。

福島　まったく、許しがたい暴挙です。

ここで事件の経過を振り返ると、最初に行方がわからなくなったオーナーの桂民海《グイミンハイ》はスウェーデン籍でドイツ在住。タイ・パタヤにリゾートマンションをもっており、そこに滞在中、拉致されました。BBCの取材によれば、行方不明になった後、友人を名乗る四人の中国人がマンションの管理部門を訪れ、桂民海の自宅に入れるよう許可を求めて、自宅のパソコンを持ち去ったという。このとき四人は「桂民海はカンボジアで友人とギャンブルをしている」と説明したといいます。

二番目に失踪した林栄基はすでに還暦を迎えた香港人です。十月二十三日に最後にパソコンにアクセスしたのち、行方不明になりました。

一方、銅鑼湾書店の株主の呂波、経理の張志平は妻が中国広東《カントン》省の深圳《しんせん》、東莞《とうかん》に暮らす中国人で、ちょうど妻の家にいるとき、十数人の男が突然現れて連行したといいます。

最後に失踪した李波は十一月の段階で、林栄基ら関係者四人の失踪にずいぶん怯えていたようです。彼は英国籍保持者です。その彼も十二月三十日を境にふっつりと消息を絶った。これは中国がいまや北朝鮮並みの無法国家になりさがったということでしょう。しかもその中国にタイ政府は完全にすり寄っていることが露呈しました。

宮崎　まったくタイの軍事政権は頼りにならないね。

福島　被害者の家族がタイ政府やタイ警察に訴えても一切取り合いませんでした。ベトナムでも同じようなことが起こっているようです。香港というのは曲がりなりにも成熟した世界の金融センターで大都会です。その香港でイギリスパスポートをもっていた李波が忽然と消えた。

宮崎　これはさすがに国際問題になると私も英国政府の対応を注視していました。むろんのこと英国も安全確認を香港政府と中国政府に求めたものの、さほど強硬でもなかった。イギリスは雨傘革命のときもそうでしたが、われわれの一国二制度とは違うと議員が連署で声明をだして、国際問題に発展しそうになったのに、途中で勢いがしぼんでしまった。英国政界は当時キャメロン首相とオズボーン財務相という親中派コンビ、なにしろ中国人民元建ての国債引き受けから人民元のオフショア市場にシティを開放したり、べったりの北京寄りそい路線でしたからね。

福島　イギリスはもうその頃にはあまり中国に目立った反論はしなかったと思います。だから、政府が反論しないから議員が連盟で声明をだしたり、中国訪問をボイコットしたのですが、当時のキャメロン政府というのは中国とはすでに蜜月に入っていたので、香港は非常な孤独感に襲われたんです。雨傘革命の異常な盛り上がりにはそういう側面もあります。

宮崎　誇り高きイギリス人《ジョンブル》も衰退すれば目先のカネに目がくらむ（苦笑）。

スキャンダル本購入者リストの提出を要求

福島　銅鑼湾書店事件の実態が明るみにでたのは、六月十六日に八カ月にわたり拘束されていた銅鑼湾書店の店長・林栄基が釈放され、記者会見を開いたからです。

失踪した五人のうち、呂波が二〇一六年三月四日、経理の張志平が三月六日、そして英国国籍の李波が三月二十四日に釈放されていたので、香港に戻ったのは彼で四人目です。〝ひき逃げ犯として自首〟して中国中央テレビ（CCTV）上で涙ながらに罪を認めたオーナーの桂民（敏）海以外はこれで全員戻ってきました。彼が本当のひき逃げ犯かは謎が残っています。というのも、中国に拘束されたあとの公式発表では、彼の名前は桂民海から桂敏海に変更されているからです。桂敏海というひき逃げ犯の罪を桂民海が負わされた冤罪逮捕ではないかと噂されました。

その会見によると、林栄基は、釈放の条件として、銅鑼湾書店オーナーの桂民海が経営する出版社である巨流傳媒《マイティ・カレント》有限公司の本を購入した顧客リスト、及び情報源の入ったハードディスクを香港で手に入れるよう指示されたといいます。

しかし中央政府はそのときすでに、尋問の内容から察するにその購読者リストを手に入れていたようだといいます。「ハードディスクの中身を李波がコピーをして渡したはずだ。

リストは五百～六百人に上り、ほとんどが本土の顧客で、その顧客たちは四千冊以上の本を購入していた」と。

李波は反論しているようですが。

宮崎　顧客リストのハードディスクが中国の公安にわたったなんて、イヤな話だね。これから弾圧がはじまりそうだ。

香港の情報源壊滅の危機

福島　林栄基の分析によれば、購入者だけでなく、尋問者たちは禁書の筆者・編集者の資料もほしがっているようだとのことです。

その名簿が中国に渡ったとなると、今後香港で情報をとることは難しくなります。情報源のほとんどが中国国内のメディア関係者や党中央に近い秘書や官僚だったようです。

たとえば、香港で一四年秋に出版されたゴシップ本『習近平内部講話』（廣度書局）は習近平の内部講話を集めた本で、はじめは半信半疑だったのですが、ここに載っているもののうちのいくつかは裏がとれました。二〇一二年十二月七日から十一日にかけて広東省を視察した際に行った俗に新南巡講話と呼ばれる講話や、二〇一三年二月二十七日に中南海《ちゅうなんかい》でブレーンらを対象に行った談話、二〇一三年四月二十二日付のいわゆる中央九号文件などです。

内部講話というのは公式に発表されていない演説や文書のことです。これらは「中南海内鬼」(内部の人間)によってうつしが持ちだされたとか。

宮崎 それが本物だとしたら貴重ですね。

福島 香港情報にはデタラメなものも多いですが、信用できるものもあります。そうした情報源やネットワークが失われるとなると、大きな損失です。

そういう意味でも銅鑼湾書店事件というのは、後にも影響が残る事件です。

宮崎 ミニチュア版スノーデン事件みたいな感じですね。

『習近平と彼の女たち』の何が習近平の逆鱗に触れたのか

福島 銅鑼湾書店事件が起こった一つの大きな原因は『習近平と彼の女たち』(原題は「習近平与他的情人們」)という本を出版しようとしたからだという説があります。

早速わたしも人を通じて送ってもらった電子書籍を読んでみましたが、正直いうと荒唐無稽な内容で、これを鵜呑みにする読者はまずいないだろうと思います。たとえば、六四天安門事件の学生リーダー柴玲《さいれい》とのセックスシーンがあったり。何でこんなもののために越境逮捕という香港と国際社会を仰天させるような乱暴な行為を働いてまで、この本を差し止めにしたがったか違和感があります。銅鑼湾書店の店長を逮捕しなくてもすでに出版差し止めになっていたわけだから、そこまでする必要はない。

ただ読んでいて一つだけ気になる点がみつかりました。それは厦門《アモイ》事件（遠華《えんか》密輸事件）との関連性です。

宮崎　厦門事件というのは、軍部も加担した中国建国史上最大規模の密輸・汚職事件でした。主犯の頼昌星《らいしょうせい》は、厦門に「紅楼」と呼ばれる七階建の愛人の館を建てて、役人や軍幹部に美女の特別接待をさせていた。見返りに外車や石油製品を軍艦で護送させ、密輸していた。

そのなかには海軍の実力者・劉華清《りゅうかせい》の娘、劉超英らの名前もあったと噂されました。不正に得た金額は九六年から九九年にかけて五百三十億元から千億元に上るといいます。この事件は千人以上の福建省《ふっけん》、厦門市、軍の高官らが取り調べを受け、うち二十人が死刑、または執行猶予付き死刑判決を受けた。結局、頼昌星はカナダに逃げてカナダ政府は十二年間、彼を保護しました。ときおり香港や台湾のメディアが、彼にインタビューに行っていたけど、まともなことを一切喋らなかった。まともな裁判もない、人権無視の国には、送還できないという人道上の理由でしたが、とうとう胡錦濤政権末期となって中国に強制送還されましたが。

福島　この本によれば頼昌星と習近平は非常に仲が良かったというのです。女性を共有するくらい仲がよかった。つまり、当時福建省党委副書記だった習近平も頼昌星の紅楼で接待を受けていた疑いがあったのです。当時はなんとかそれをもみ消した。この本にはそのことを暗示させるかのような頼昌星との関係がわかる場面が描かれている。前述した柴玲との間をとりもったのも、頼昌星だと。

カナダに亡命していた頼昌星を強制送還させたのは胡錦濤です。つまり、胡錦濤は頼昌星を習近平との政治的駆け引きのカードに利用しようとしている。

ひょっとすると、このときの頼の調書などが、令完成《れいかんせい》の持ち出した機密ファイルにも含まれているのではないかというのが私の推測です。

根拠はないのですが、あのバカバカしい本の中で何か習近平をあそこまで焦らせるものがあるとしたら、それしか思いつかない。

宮崎　以前、李鵬《りほう》（元中国国務院総理）の『六四回想録』の出版を突然中止したことがありました。あの本は香港では出ていましたが、大した内容じゃなかった。六四（天安門事件が六月四日に起きたので「六四」と略称する）の責任者ではないという自己弁護だけですから。あの出版を自粛することによって、得たものというのは息子の李小鵬《りしょうほう》が山西省の常務副省長に出世するための取り引きだった、ということしやかな説があります。彼はいまや交通部長。

ところが、ニューヨークに亡命した民主活動家の陳破空《ちんはくう》によれば銅鑼湾書店事件の真相は、「桂民海は、よほど欲深い商売人で、彼はいくつもの出版社を経営していたことから、しばらく時間を置き、ほとぼりが冷めたころを見計らって、こんどは書籍のタイトルを『習近平と彼の六人の愛人』に変え、再出版しようとした」といいます。銅鑼湾書店の社長は先に十五万ドルで、習近平と「出版しない」という手打ちができており、作者にも五万ドルの〝没原稿料〟が支払われていたのだというから、そうなるとブラックジャーナリズムではないですか。

秘密ファイル事件についても、団派の領袖だった令計画《れいけいかく》の失脚に関して驚くほどの情報がさりげなく挿入されています。

陳破空氏はこういっています。

実弟の令完成は秘密ファイルを二千七百件持ち出してアメリカに亡命したが、その秘密の中味たるや習近平と愛人のセックス録画ではなく、「ひとつは中国の核兵器に関する情報、ふたつ目は、中共指導部とその家族の動向、財産、女性関係、セックステープ。3つ目は、未だ明らかになっていない中南海の配置と政府要人の隠れ場所だ。これらがすべて

アメリカに渡っている」んだとか。（石平、陳破空共著『習近平が中国共産党を殺す時』、ビジネス社）

いずれにせよ、中国の場合、表で報道されていることと裏にある真相がまったく違う、すごい落差があるということを認識する必要があるでしょう。

香港から逃げたくても逃げられない人たち

宮崎　それにしても香港の報道の自由がそこまで侵されているとは驚きですね。その分だと台湾よりメディアは酷いのではないですか？

福島　台湾のほうがずっと自由です。台湾は少なくとも『自由時報』と『民視』があります。林栄基の記者会見の報道にしても香港の親中派メディアはすべてデタラメだと一斉に叩きましたから。台湾メディアのほうが手厚く報じていたくらいです。

だから、香港の若者たちは香港から逃げられるものなら逃げたいと、真剣に考えています。香港が最悪の状況になったら、たとえば、中国が戒厳令を発令したり、解放軍が動くような状況になったらどうすると質問すると、学歴があり、いい家庭の子は逃げるといいます。台湾に行きたいと。でも、仲間のなかにはそうじゃない貧しい子もいます。持病をかかえてろくに働くこともできず、お金がないから病院に行けず、病気を治せないという悪循環から脱せられない。そういう子に「あなたはどうするの」と同じことをきくと「戦うしかないでしょ、捨て身で」と。

つまり、どういう状況になっても、どう転んでも彼はハッピーにはなれない。それだったらいっそのこと動乱を望む、最後まで戦うしかないと悲痛な決意を抱く。少なくともいままで自分の小さい頃の思い出だった香港を取り戻したいと思うのですね。いま動乱となっても独立を望む二十二、三歳の子たちが増えています。割合的には二〜三割くらいで、多数派ではないかもしれないけれど、確実に増えている。

実際に香港で動乱が起きかけたことがありました。放火や投石で警官隊と戦った、二〇一六年春節深夜の旺角騒乱です。香港親中派メディアの報道は暴動はけしからんの一点張りでしたが、一般市民は、暴れる若者に対して同情的な気持ちを結構強くもっている。

宮崎　ええ、あの旺角って下町は女人街もあったり豊富な物品が安く売られて、なんだかテキ屋みたいな人たちが目立つところ、私も何回か観に行きました。ことしも一月に行ってみたのですが、下町なのに所々に場違いな高級ホテルが建っていたり。

福島　しかもその後、中国が少し軟化して、何もいわなくなった時期があって、政府の抑えつけがあるかと思いきや、意外に普通にデモができた。だから彼らは暴れたお陰で、中国もちょっとビビッたんじゃないかと思っているわけです。

つまり、彼らはまだ信じているわけです。香港で動乱が起きて困るのは自分たちではなく、中国だと思っている。ところが、動乱になったら習近平政権は迷いなく軍隊を出すと、私にいう知識人もいます。習近平は本気だと。だからそのことを香港の若者たちに気づかせてやってほしいといいます。

若者のなかでは香港は国際金融センターで香港を傷付けたら損をするのは中国政府だという考えが根強い。官僚たちの政治資金、汚職のカネもほとんど香港経由で世界各国に避難している。香港に彼らのいわゆる財産の窓口がある限りは香港を潰しはしない。そういう楽観論をかなりの人が持っています。特に独立派の人たちはそう考えているからこそ、過激な行動に出られるのです。

宮崎　かつての黎智英がそうでした。以前インタビューしたときに、こんなほったらかしでおいたらいずれ香港は蹂躙《じゅうりん》されて独立も失うし、そういうことは考えないのかといったら、彼はハイエクを尊敬しているんですが、自由なマーケットで金融が成立する最低の条件は何かといったら、それは情報の透明性、情報の自由であって、もしその前提が制限されるようなことになれば香港は国際金融機能を失うと。そこまでは中国共産党はしないだろうと。当時ジミーは非常に楽観的でした。

福島　私は二〇〇二年四月、旺角に近い黎智英の自宅でインタビューしたことがあるのですが、確かに当時は香港はまだ中国の脅威を実感する前だったので、彼の感覚はかなり楽観的でした。そのころは香港の自由が、広東および中国に広がっていくという夢を語っていましたね。蘋果日報を広東省で発売しようという計画も話してくれました。そのころの、香港メディア人の、いつか香港の影響を受けて中国も変わっていくはずだ、という期待を思い返すと、切ないくらいです。

国際金融都市・香港の喪失は中国の自滅

宮崎　ただ香港が金融を失えば自滅の道まっしぐらです。実際、ロンドンにあれだけテコ入れして人民元の市場を拡大できたのも、フランクフルトにまで人民元市場を作れたのも、ニューヨークにも開こうというのも、すべてカギは香港ですよ。

もう一つの問題は、香港は国際都市で外国人が山のようにいて、ほとんどの外国人は金融に携わっているわけでしょう。香港島のソーホー地区にあるバー街へ行ったら欧米系外国人が毎晩くりだしているじゃありませんか。この連中というのは一番ビビッドに危機感を感じるはずです。ところが香港における投資形態をみていると、まだ劇的な変化というのはみえません。

将来の方針を変えたとか、完全に香港から撤退体制に入ったファンドの話がない。むしろ李嘉誠ははっきりと脱香港の方針を出しているというのに。

福島　習近平にとっての考え方は、要するに強い軍事力を持てば共産党は維持するという一点張りなのでしょう。そうすれば、経済も何とかなると。

宮崎　それはアナクロな時代感覚で現実とのあいだに大きなズレがありますね。『サウスチャイナ・モーニング・ポスト』（八月二十四日）によりますと、香港最大財閥の李嘉誠は香港の本丸ビルも売却するといいます。香港の大手町＝セントラル地区にある七十三階建て（総面積一万三千平方フィート、駐車場四百二台、九八年完成）の物件で、中国工商銀に売却。価格は三百五十億ＨＫドル（邦貨換算＝五千億円）。香港不動産業界はじまって以来の高値です。

李嘉誠の基幹企業は「長江実業」と「和記」ですが、二〇一三年までに北京、上海、広州《こう しゅう》で保有した不動産をすべて売却し、これらの資金をロンドンほかＥＵ諸国、北米に投じてきたため、中国から逃げるといわれてきました。

ついに香港の本丸まで売却する構えということは、中国大陸からばかりか、香港からも逃げる態勢にあることを意味します。

じつは香港の対中依存を高めていた胡錦濤政権

福島　胡錦濤政権に対する世界各国からの評価は胡錦濤は十年間、何もしなかった無能な政治家と大変低いですが、私は逆に評価しています。少なくとも、台湾や香港に関しては成果を上げた。中国と香港のＣＥＰＡ（香港経済連携緊密化取決め）をやって、香港経済を完全に中国依存にさせた。

台湾政策にしても、中台統一という言葉を一切出さないで油断させて台湾経済を中国依存にさせた。そして次に何をしたかというと、これは香港にもいえますが、メディアを掌握したのです。経済を中国に依存すると、メディアスポンサーとなる大企業も自然、中国依存度が高くなります。スポンサーの意向をうけて、メディアは中国のネガティブな報道を自粛するように自然となっていくわけです。メディアを掌握することにより世論を中国の有利な方向に誘導した。

私が胡錦濤政権を評価しているのは、いわゆる対症療法を一生懸命やっていたからです。何か根本的に変えるということは、確かに胡錦濤にはできなかった。要するに火のついた爆弾を自分のところで爆発させないで、次の政権に渡すということだけに腐心した。経済がインフレになればインフレを抑え、信用が膨張し始めたら引き締めて、それで経済が急にGDPが落ち始めたら、また信用を拡大してという、微妙なコントロールを繰り返し続けてきた。そういう微妙なことをやっていたので、外からみると何にもやってないようにみえただけです。

ですが、そのバランス感覚は大したものです。習近平にはそういうバランス感覚はまったくない。とにかく力でねじ伏せようとしている。しかし、そういう力勝負ができるほど習近平に実力はともなっていないことがいちばんの問題です。習近平政権が、こういうやり方を続けている以上、香港で何がおきても不思議ではないと思います。

宮崎　台湾の未来を、私は楽天的にみてますが、香港はまったく事情が異なります。

第三章

習王朝崩壊
三つのシナリオ

習近平と李克強派の全面対立

宮崎　いままで想定していた習近平の運命というのは突然のフルシチョフ的解任かもしくは暗殺、クーデター、あるいは党大会において円満な退任というような三つのパターンを想定していたのですが、今回議論をしていると話が相当違ってきましたね。

福島　三つ目の党大会での円満解任というのは私の希望的観測にすぎません。それがいちばん世界情勢や日本に与える衝撃が少なくすむからです。イメージとしては毛沢東《もうたくとう》のあとに政権に就いた華国峰《かこくほう》が失脚したような感じで、一見権力移譲にみえるのがベストかと。

宮崎　華国鋒の場合、彼は毛沢東の庶子ですが、人間の器量として、権力志向もなかったし、世界観もなかった。いいように鄧小平《とうしょうへい》や葉剣英《ようけんえい》に操られたという側面がありましたが、習近平はそうじゃないでしょう。

　これまでの習近平の権力闘争の強引なやり方に対する反応をみていると、誰かが立ち上がって秘密の中央会議を開いて習近平の失脚を決めるというシナリオはかなり希薄になってきてはいませんか。

福島　強いてあげれば、李克強《りこっきょう》ですね。やはり、彼がナンバー2ですから。ただ、李克強がやるとしたら彼も無傷ではいられない。七人の政治局常務員全員が引退となるでしょう。

中国共産党の組織図

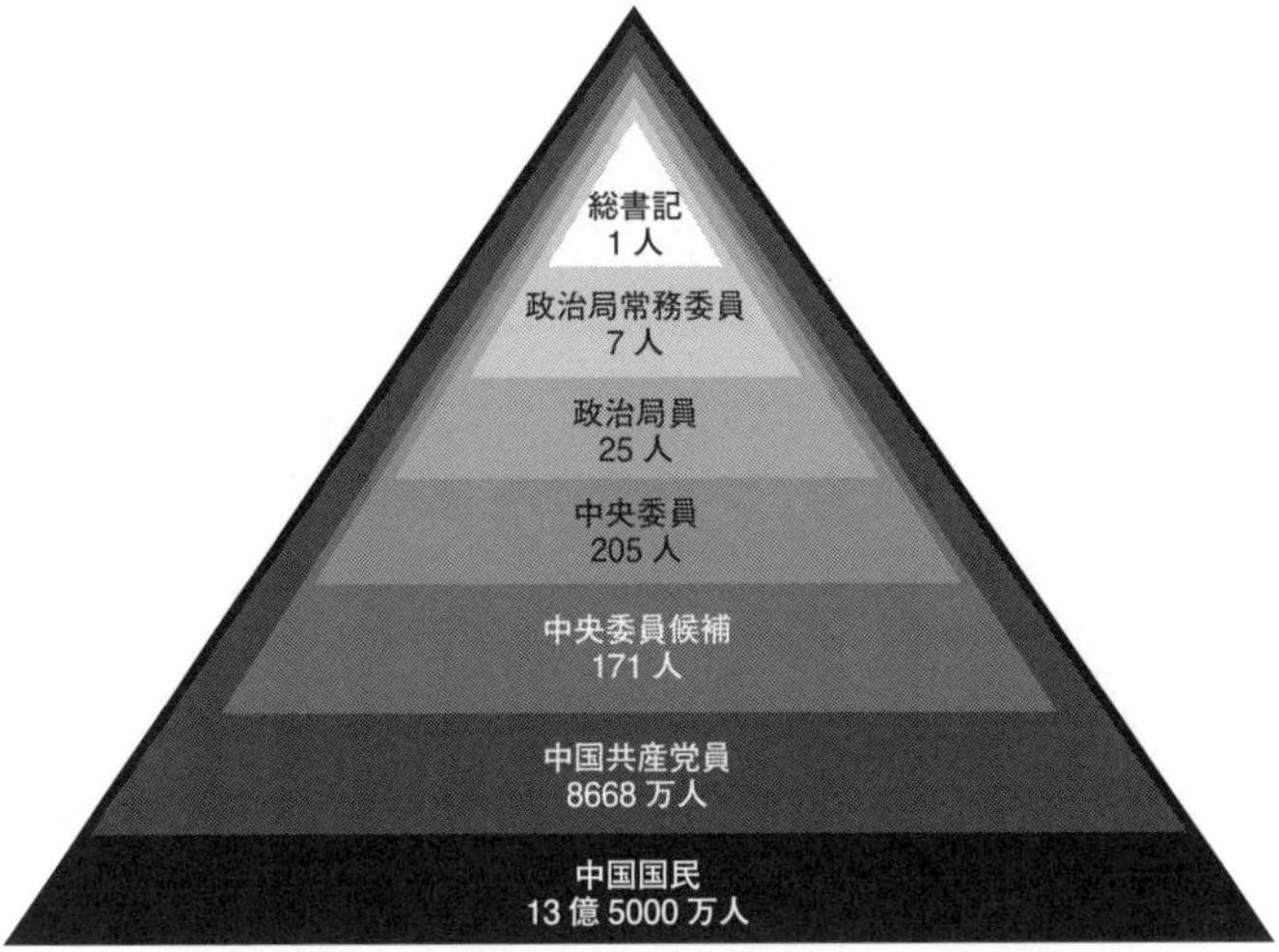

七人のなかで、年齢規定に変更がなければ、第十九回の党大会で残るのは李克強と習近平しかいません。

習近平は李克強を退任させるために、経済政策の失策をすべて李克強のせいにする工作をしています。それで、いま李克強は怒っているからものすごい対立姿勢が丸出しなんです。二〇一五年の中央経済工作会議以降その傾向が鮮明になってきています。

宮崎　石平氏は「『暗闘』の域を越えてまさに『明闘』」だといっています。二〇一六年三月の全人代でも習近平と李克強は隣席にもかかわらず、一度も握手せず、会話を交わすこともなく、視線さえ合わせなかった。

では、その習近平対李克強派の権力闘争

を検討していきましょう。

習近平のブレーンたち

福島　まず、習近平派ですが、習近平のブレーンは七人いるといわれています。王滬寧《おうこねい》、劉鶴《りゅうかく》、栗戦書《りつせんしょ》、丁薛祥《ていせっしょう》、何毅亭《かきてい》、李書磊《りしょらい》、鐘紹軍《しょうしょうぐん》です。ほかにも陳希《ちんき》、黄坤明《こうこんめい》、趙楽際《ちょうらくさい》らが側近といえるでしょう。

宮崎　王滬寧は「中国のキッシンジャー」といわれて、江沢民、胡錦濤、習近平の三代に仕えた理論家です。彼が外遊をともにして外交演説草稿をまとめる。いってみれば、アメリカ大統領安全保障担当補佐官の如き存在です。したがって完璧な習近平派とはいえない。そもそもあの権力闘争の国で、三代にわたって健在というのは一種怪物でもあります。

栗戦書は中央弁公庁主任で、米国でいえば、大統領首席補佐官。栗は太子党でもあるが、習が下方された陝西《せんせい》省以来の親しい朋《とも》でもあります。

この二人は現在中央委員であり、トップ7（常任委員会）入りが確実といわれていますね。

福島　習近平の大番頭といわれている、栗戦書ですが、年齢が三歳上なんです。ですから後継者にはなれません。また、彼は最近、習近平と距離を置こうとしているとの観測もあります。聞くところによると、全人代で、栗戦書が「習近平を核心とする党中央」（いわゆ

中国共産党内の主な相関図

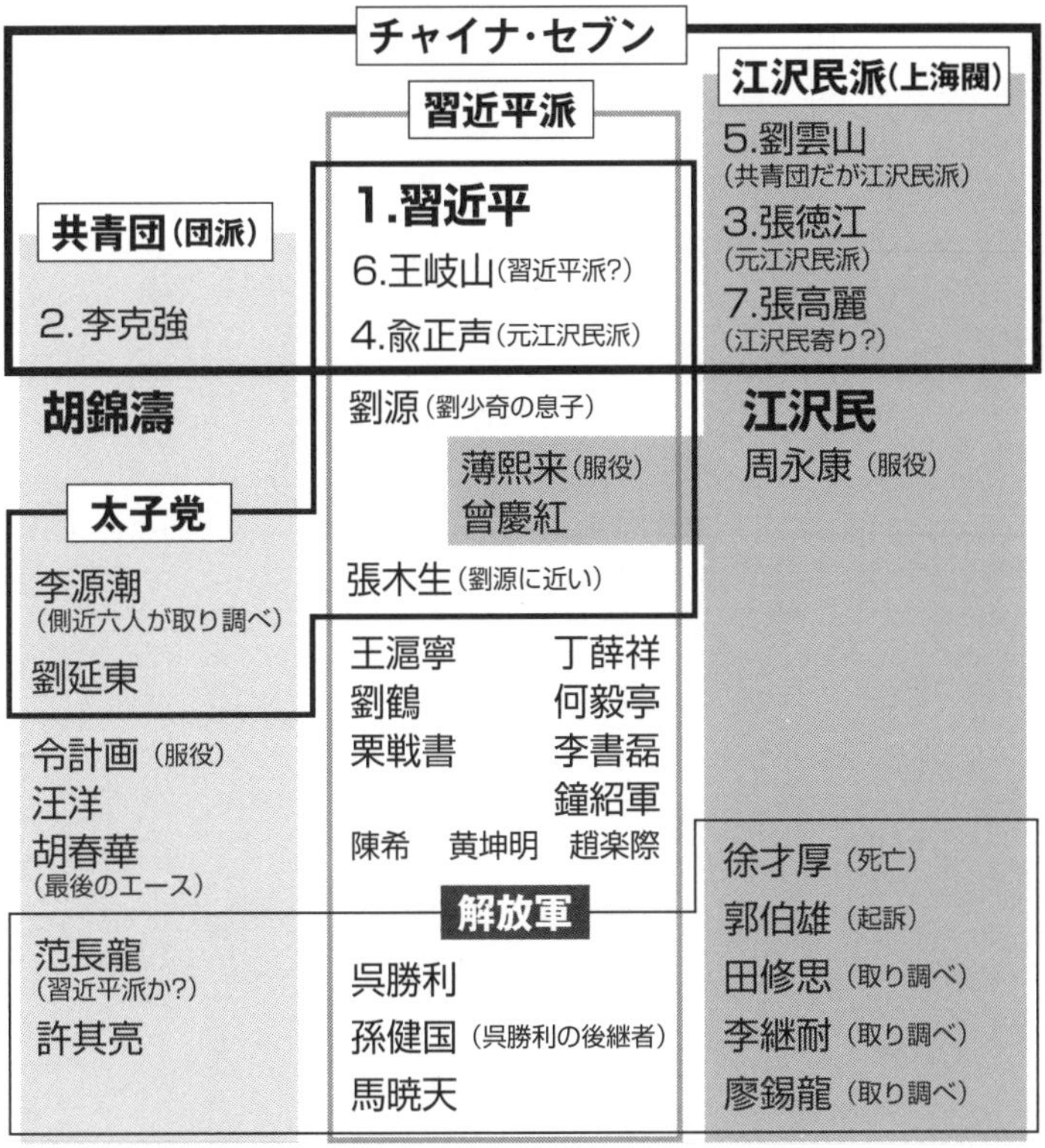

る習核心キャンペーン）を提言するシナリオがあったようですが、本章最後で述べる「十日文革」の顚末を見た栗戦書は、習近平の求心力が意外に小さいことに気づき、全人代で習核心キャンペーンを打ち出すのをやめたというのです。

その栗戦書の後釜が習近平弁公室主任の丁薛祥でないかといわれています。彼は習近平の大のお気に入りで、中央に行ってからは、いっそう忠誠している人です。習の身の回りのこともたいていこの人が管理しています。

それから、中共中央委員会委員で、中共中央党校常務副校長の何毅亭。彼は王滬寧の後釜といわれています。『習近平同志重要講話集』など習近平講話の起草、編集を担当する筆頭スピーチライターですね。

黄坤明は党中央宣伝部副部長で習近平が党中央宣伝部に送り込んだ習近平の宣伝部における代弁者で、目下党中央宣伝部内で、劉雲山《りゅううんざん》や劉奇葆《りゅうきほう》に対抗しています。陳希は習近平の大学時代の友人で大学宿舎の同室で二段ベッドの上下の関係でもあったとか。二〇一三年四月に党人事権を握る中央組織部副部長に就き、習近平人事の実施役をになっています。あとは、習近平の政治秘書である李書磊と中共中央軍事委員会弁公室主任の鐘紹軍です。また、二〇一五年八月に天津大爆発という大事故を起こした責任を問われずに天津市のトップに居続けている黄興国《こうこうこく》も習近平のお気に入りらしく、この秋には政治局に引き上げられ、側近入りする可能性があります。

気になる習近平の後継者ですが、二〇一六年八月の北戴河《ほくたいが》会議（非公式の党中枢による会議、毎年夏に河北《かほく》省の避暑地、北戴河で行われる）では、後継人事をあえて出さなかったそうです。AFPなど一部欧米メディアは、習近平が後継者を準備しないということは、自分自身が三期以降も党総書記と国家主席、党中央軍事委員会主席を続投して長期政権を敷くつもりであると報じています。また、政治局常務委員制度と六十八歳引退年齢設定も廃止しようとしているようです。成功する可能性は低いと思われますが。

宮崎　丁薛祥、何毅亭、李書磊、鐘紹軍は軍師的な側近グループです。

李克強派最後のエース胡春華

福島　以上は習近平派の人たちです。対して李克強派のメンバーの最後のエースは、広東省党委書記の胡春華《こしゅんか》です。団派のホープだった令計画《れいけいかく》はすでに失脚し、国家副主席の李源潮《りげんちょう》は一九五〇年生まれで、年をとりすぎています。

宮崎　その李源潮の側近六人を、習近平は取り調べ、失脚させようとしています。李源潮は江蘇《こうそ》省書記を務めたキャリアがあり、当時、かれの周りを固めて「ダイヤモンドの六人衆」といわれた側近が近く中央紀律委員会の調査対象になると報じられた（『博訊新聞網』五月三十日）。

李源潮は次期党大会（二〇一七年秋）で政治局常務委員会入りが確実とされる団派のホープでしたが、もし李の側近連中を失脚させる目的があるとすれば、最終の標的は団派の一角を崩す、習近平の深謀遠慮でしょう。李克強の影響力低下とあいまって、団派を正面の敵と見据えたことになります。ちなみに李源潮は知日派でもあり、日本の政財界、とくに企業幹部には親しい日本人も多い。

福島　令計画は習近平 vs. 団派の権力闘争のプロセスで討ち死にした、とみるのが正しいと思います。

令計画は巨額の汚職を行ったとして、無期懲役となり、表向き周永康《しゅうえいこう》事件と連座していると報道されましたが、それを頭から信じている人は半分いればいいでしょう。反習近平で共闘したといわれる薄熙来《はくきらい》、周永康、徐才厚《じょさいこう》は江沢民《こうたくみん》派に近いですが、令計画はむしろ江沢民と権力闘争に明け暮れていた胡錦濤派のエースだったからです。

したがって、習近平による令計画失脚は反習近平のクーデターに加わっていたからではなく、宮崎さんもおっしゃるとおり、共青団潰しに権力闘争の主軸が移ったからととらえるべきです。

宮崎　そうでしょうが、軍略としては最低のレベルですね。真正面の敵を倒すには、当面、潜在的敵は味方につけておかなければならないのに、習近平はまとめて全部を敵にしちゃった。毛沢東や金日成《キム・イルスン》の権力掌握の方策と違って焦りすぎの観がありますね。

福島　一方、共青団も胡春華だけは何としてでも護ろうとしている。胡春華を潰されると、次に誰を押していいのか、誰を育てればいいのか、めぼしい人材がいない。

私自身は胡春華という人がそれほどの人なのかどうかは、まだはかりかねていますが、彼は何度潰されかけても生き残っているわけです。そのかわり、令計画とか李源潮とか、周りにたくさん刀傷を負っている人たちがいる。李克強は立場的にも年齢的にも習近平の後継にはなれないので、たとえ自分が討死しても胡春華が次の総書記にでもなれば、「文革の終焉」となり、失脚した団派は〝名誉回復〟される。そう思っているから命賭けで彼を守ろうとする。これは必ずしも胡春華個人の仁徳というよりは、中国の権力闘争とは、そういうものである、ということです。権力闘争で失脚した者は、自分たちの派閥が政権をとった暁には名誉も地位も回復できるという中国独特の政治風土があるからです。

ただ、李克強が踏ん張っても習近平を道連れにするのが関の山で、習近平だけを辞めさせるというのは難しいと思います。李克強だけ解任される可能性のほうが、どうしても高い。

それでも、李克強が習近平を道連れできれば、政治局委員の大半が共青団派ですから、団派中心の政治局常務委員ができる可能性がある。そうなれば、外交も対外強硬から多極外交路線に変わり、言論弾圧も緩むのではないか、と期待するのですが。

宮崎　名前をあげれば、汪洋《おうよう》、李源潮、劉延東《りゅうえんとう》などみんな開明派ですね。汪洋はシカゴで開催された第二十五回中米合同商業貿易委員会に出席し、「世界を導いているのはアメリカだ。アメリカは既に秩序とルールを主導している。中国はこの秩序に参加したい、規則を尊重したい」とまでいっているくらいですから。この汪洋もまた知日派です。
福島　団派というのは、少なくとも表向きは国際秩序とうまく折り合って中国の発展を遂げていこうという方針です。本音はしりませんが。

陰謀なら太子党の曾慶紅

宮崎　しかし、秘密会議を開いて、失脚させるぐらいの陰謀を仕組んでやり遂げる決断力と指導力のある人が、団派にいるのか？　あの頭でっかちで、官僚的な人たちが。
福島　団派は、勉強ができる真面目な人たちですから、陰謀は苦手でしょうね。陰謀が得意なのは太子党で、その筆頭が、曾慶紅《そうけいこう》です。
　曾慶紅がいまどのくらいの力を持っているのか、習政権打倒の本気度はどのくらいなのかは、全然情報が入ってこないのでわかりません。ただ、彼は意外にしぶとく生き残っている。習近平の曾慶紅潰しというものが一時はあったのです。だけどそれを凌いだ。太子党に対する影響力はいまだ圧倒的に曾慶紅が強い。
宮崎　曾慶紅は二〇〇八年に引退して十年近くになるのに、まだ甚大な影響力を持っている？
福島　曾慶紅が力を持っている理由は母親の影響力が強いからです。曾慶紅は父親が紅軍幹部の曾山《そざん》で、母親の鄧六金《とうろっきん》は長征に参加した女性革命兵士二十七人のうちの一人ですが、彼女は一九四八年の淮海戦役《わいかいせんえき》前に、華東保育院つまり幼稚園を創設し、戦役に参加する高級幹部の子女百人以上を一手に引き受け、親代わりになって育てた人です。したがって、紅二代（革命家二代目）たちにとって、鄧六金は自分の母も同然で、曾慶紅は兄弟も同然なのです。

中国では長幼の序とか、育ててもらった恩というのは、非常に深いので、曾慶紅の発言力は強いし、曾慶紅を潰すとなると太子党全員が敵になる可能性もあるから、習近平もおいそれとは潰せない。潰しかけたのだけれども、何となく逃げられてしまった。

それでも、いまだに彼はふとしたところで影響力を発揮します。たとえば習近平の親友である劉源《りゅうげん》が軍を突然引退したのは、曾慶紅が説得したからだという話があります。

腹心を失った習近平

宮崎　劉源は毛沢東の最大のライバルだった劉少奇《りゅうしょうき》の息子であることはまえにも述べました。習近平の父親はその劉少奇派であり、毛沢東ににらまれて文革で痛めつけられました。河南《かなん》省開封《かいほう》の町なかをタクシーで走っていたら劉少奇病逝跡って邸宅があって、急にタクシーを止めてもらって内部を見学したことがあります。「最後まで使用した酸素ボンベ」とか「息を引きとったベッド」とか、嘘くさい展示品が並べてありました。そういう親をもつという文脈でも、また習と劉は幼友達であるという文脈でも、強い朋友関係にありました。劉源は人民解放軍の上将で、習近平の〝軍師〟でした。

石平説によると、自分の右腕が切られていくのに、それを護れなかったという意味で習近平の力が落ちたという分析をしていますね。

福島　確かに、習近平は軍制改革の中で新たに設立する中央軍事紀律検査委員会書記（中央軍事委副主席兼務）のポストに劉源を迎え、彼に軍内汚職の徹底摘発を行わせることで軍を掌握するつもりでしたから、習近平にすれば大打撃でしょう。

ただ、私が聞いたところによると、その劉源に曾慶紅が「軍の汚職摘発の筆頭がどれほど危険かをよく考えないといけない。官僚相手の汚職摘発を行う王岐山《おうきざん》ですら何度も暗殺の危機にさらされている。軍の汚職摘発は相手が武器と部隊を持っているのだから、命がいくつあっても足りない。習近平のために、そこまで泥をかぶる必要があるのか」と説得されて、劉源は習近平と友達であり続けるのが怖くなり、引退したといいます。

宮崎　そういう説もあるんだ。

福島　劉源と習近平は太子党で幼馴染に違いありませんが、劉源自体は劉少奇の息子だということで様々な人脈があった。もともと江沢民とも曾慶紅とも仲は悪くなかったといいます。そういう意味で習近平だけに尽くす義理はない。

もう一つは劉源の親友に周恩来の秘書の息子である中国税務雑誌社長の張木生《チャン・ムーション》という人がいて、まだ習近平が政権に就く前の話ですが、張木生は習近平の思想ブレーンになると前評判も高かった。だから彼の著作は読んでおいたほうがいいと私も教えられていました。じっさい、習近平も張木生を呼びつけていろいろなことをインタビューしていたようです。張木生は〝新民主主義〟という中国式民主（党内民主）を強く主張していたと思います。

宮崎　張木生は『改造我們的歴史文化観』という本を書いています。劉少奇は民主化を目指した偉大な指導者だったという内容で、この書物に長い序文を寄せたのが劉源です。つまり張木生は劉源のスポークスマンでした。

福島　ところが、張木生は習近平から嫌われてしまった。そのことについて張木生が自分のブログでチラッと書いています。恨み節というか、何となく意味深な文章です。

二〇一五年十月に、自分の言説が習近平への当てこすりではないという釈明の文章を発表しているのですが、その中で「私は劉源のブレーンでもない。劉源は私よりも智慧と知識がある。彼は最近私によく批判的にいっている。『うまい話とは、おうおうにしてうまくない話なのだ。反対派に利用されて反党的にされてしまう』。この言葉を誤読誤解して間違ったことをいわないように。……これは純粋な個人的観点で、劉源とは関係ない」

かつて張木生が劉源を通して習近平のブレーンとなるといわれていたのが、いつの間にか、張木生がアンチ習近平派知識人といわれていることへの不満の表明の中での引用ですが、劉源は自分が習近平に利用されて終わりになるのではないかという懸念を、張木生に漏らしていたようにも聞こえる。太子党内でこのころからすでに、習近平に肩入れしすぎるとやばい、みたいな噂があったのではないか、と勘繰ってしまいます。

七十一歳の呉勝利が軍事ブレーンという現実

宮崎　今度は、軍事クーデターのシナリオについて点検したいと思います。冒頭にも述べたように習近平はトルコで起きたクーデター、その失敗直後からの政敵つぶしのプロセスにたいへんな関心を寄せている。ところで、いま劉源がいなくなって、つまり軍における軍師というのは不在ということですか？

福島　呉勝利《ごしょうり》は習近平と比較的関係が深いです。

宮崎　呉勝利は海軍司令員です。だいたい習近平の政略的、軍略的な方針の相談は呉勝利がのっているといいます。

福島　劉源は本当の意味では軍事ブレーンにはなりえません。あの人は元々軍人ではなく、公務員ですから。

じつは劉源という人は劉少奇の息子というブランド以外のものはとくにありません。実戦経験もない。だから逆にいうと習近平が期待するように、軍内にとくに強いしがらみのある人ではなかったから風紀粛清に向いている人ではあった。

その点、習近平の軍事的参謀という役目を担っていたのは呉勝利です。それから空軍将の馬暁天《まぎょうてん》も習近平自身が出世させたという意味で片腕でしょう。習近平はさらに子飼いの部下をどんどん海軍とか空軍に送り込んでいます。


宮崎　さきほども紹介した陳破空によれば、二〇一五年八月、「河北省委員会書記の周本順《しゅうほん じゅん》は北戴河でクーデターを起こし習近平を殺害することを計画していた」といいます。

これは大規模な暗殺計画で習近平のみならず王岐山を含む「全員を亡き者にしようと計画されていた」という。まして「習近平は政権を握って三年以上経ったが、いまだに中央宣伝部を把握できていない」(同前掲書)。

となりますと中央宣伝部という党の中枢にある、このプロパガンダ部門をがっしりと握るのは劉雲山で、かれは二十年以上をかけて、このプロパガンダ機構を牛耳《ぎゅうじ》っていました。彼らも、もとを質せば江沢民派じゃありませんか。曾慶紅とも密接な連絡があるはずですよ。しかし、地理的条件からいってもクーデターをやるとすれば、陸軍でしょう。

さて海軍は例の孫建国《そんけんこく》、「ミスター潜水艦」が次の党大会でいよいよ呉勝利の代わりになるといわれています。だいたい呉勝利は今年七十一歳で上将のなかでは最年長です。本来定年なのに習近平が信用できる人材がいないから、引退時期が延びていました。

孫建国はシャングリラ対話でもアメリカ軍高官に対して強硬な意見を吐き、日本の海上自衛隊も注目している軍人。とくに中国海軍始まって以来、九十日間潜水を指揮したことでも有名です。潜水艦の乗組員というのは、第一に体力検査ではなくメンタル・タフネスが要求され、つぎに艦内の臭いに耐えられるか、すぐ吐くかという壁がある。

いまの軍事委員会のナンバー2というのは許其亮《きょきりょう》と范長龍《はんちょうりゅう》ですが、この二人を習近平はほとんど信用してないのではないですか?

福島　周本順のクーテダー説は、私はぬれぎぬだと見ています。少なくとも周辺はそう見ている。范長龍という人はもともと失脚した徐才厚《じょさいこう》閥です。一方、そもそも范長龍を上に引き上げたのは習近平です。

范長龍は胡錦濤政権時代に上将まで出世したので、これ以上の出世はないと退役準備をしていたそうです。本当に野心のない大軍区指令だった。ところが、そこに習近平自らが指名し、中央軍事委に入るよう説得したということです。このとき范長龍はにわかに信じがたかったといいます(『外参』)。

だから范長龍自身は非常にびくびくしている。自分はいつ徐才厚との関係で失脚させられるかわからない。けれども出世させてくれたのは習近平なので、自分の発言に対して、たとえばちょっとでも習近平に謀反の疑いがあると思うと必死でそれを否定しますから、きっと恐いのだと思います。

宮崎　日本でいうと武勇なんだけれど秀吉にびくびくしている加藤清正といったところですかね（笑）。

福島　もともと、出世コースに乗るような人ではなかったのが大抜擢された。習近平は、四大総部長を信用していなかったので、丁寧《ていねい》に大軍区指令の背後を調べあげて、野心のなさそうな范長龍に白羽の矢をたてたそうです。ただ出身地による地縁関係でいえば、徐才厚と同じ遼寧《りょうねい》閥に入りますので、この出世は相当本人にはびくびくものだったようです。次の党大会では七十歳ですから、あと一年何事もなければ円満退職です。

宮崎　軍は結局軍閥に行きますね。その淵源をたどっていけば第四野戦軍とか連隊十六師団とか軍閥にゆく。ナンバー2の許其亮は誰が引き上げたのですか？

福島　許其亮は胡錦濤派です。

習近平の軍改革は成功したのか

宮崎　中国は南シナ海の判決がでる直前に、呉勝利率いる南海艦隊が南シナ海で軍事演習をやったでしょう。そこで一つの構図が見えてきているわけです。軍の中において明確に習近平派がでて来て、それがだいたい軍全体のイニシチアブをとっている。

福島　いま軍内の派閥でいわれているのは、江沢民派と胡錦濤派、あと薄熙来を擁護していた残党の薄熙来擁護派、この三派に加えて習近平派があって、圧倒的に風上に立っているのは習近平派というわけです。

中国の政局が非常に不安定で権力闘争が苛烈を極めるなか、すべての派閥の軍人たちは、自分自身の利益を守ることに終始し、全体の情勢を見てアクションを起こせる人がいない。解放軍にはいま強人が欠乏しているといいます。

宮崎　福島さんのお話をうかがっていると、どうも軍事クーデターをやろうというような機運はなさそうですね。そんな気概のある軍人がいなくなっちゃった。

福島　ただ、軍制改革が成功したとはとてもいえないわけです。七大軍区を五大戦区に塗り替える改革も、事実上失敗と見られています。この軍制改革の眼目は、習近平に敵対する徐才厚派閥の多い瀋陽《しんよう》軍区と郭伯雄派閥の残る蘭州《らんしゅう》軍区の解体でしたが、結局、両区ともそれぞれ北部戦区と西部戦区としてほぼもとの形のまま残さざるをえなかった。それだけ陸軍内の習近平改革に対する抵抗が強かったということでしょう。

宮崎　加えて習近平は前述した南シナ海における軍事演習をしている最中に、元空軍政治委員の田修思《たしゅうし》上将を汚職容疑で拘束しました（七月九日『新華社』）。制服組トップの徐才厚、郭伯雄に続く三人目の「大虎」です。空軍にもかなりの動揺が走るのではないか。

そんなこんないっているうちにまた大ニュースが飛びこんできました。こんどは軍人のトップである中央軍事委員会のメンバーだった李継耐《りけいたい》と廖錫龍《りょうしゃくりゅう》が失脚したらしいという情報です。

すでに見てきたように軍人高層部の粛清は、もともと谷俊山《こくしゅんざん》中将の失脚から開始されてきました。摘発したのは劉少奇の息子で軍改革の旗頭だった劉源でしたが、彼は一五年師走に突如引退を声明しました。

徐才厚は末期ガンで入院中の病棟で逮捕され（その後、死亡）、ついで蘭州軍区のボスでもあった郭伯雄が拘束、さきごろ無期懲役の判決がでたばかり。二人の自宅や愛人宅からは「大判小判ざくざく」。ともかく現金と金塊、高価な骨董品多数が発見されました。

郭伯雄への判決直後、田修思が拘束され、ついで江沢民派の残党として目を付けられてきた李継耐と廖錫龍が拘束されたと『サウスチャイナ・モーニング・ポスト』が速報しました（八月五日）。ともに容疑は「重大な規律違反」。だれもが、このやり方は習近平の軍内部にくすぶる江沢民残党狩りと認識するでしょう。なにしろ胡錦濤時代の軍事委員会はほとんどが江沢民人事で高層部が固められ、そのうちの四人（徐才厚、郭伯雄、李継耐、廖錫龍）が失脚するわけだから「江沢民残党四人組」とでも今後いわれるかもしれない。

李継耐は前総政治部主任、軍事委員会委員。つまり胡錦濤政権で軍のトップテンに入る大物です。将軍人事、軍事委員への抜擢は江沢民が行ったことで知られますね。

廖錫龍は前総役勤部主任。軍事委員会委員。彼もまた胡錦濤政権下で軍人トップテンに入る。江沢民によって出世の道が開かれたのですが、廖はベトナム戦争に参加した歴戦の勇士といわれた。その彼もトップにつくや、出身地の貴州省名産「マオタイ酒」を「軍御用達」にし、軍兵舎は夕方ともなればマオタイ酒の宴会で、酒気に溢れ、戦争どころではなく、基地の隣にはこれまた軍経営の売春宿。こういう経緯を経て軍の腐敗はきわまったとされます（笑）。

南シナ海で戦争の可能性は高い

福島　軍内の不満はかなりくすぶっているとみていいでしょう。

たとえば最近、日本に移住を表明した香港在住の著名軍事アナリスト・平可夫《ピンコフ》も、習近平の軍制改革をフルシチョフの旧ソ連の軍制改革（一九六四年）になぞり、習近平に決定的な政治的危機をもたらすことになると予想しています。

さらにキューバ危機を引き起こしたフルシチョフと、南シナ海で強硬な軍事拠点化を進める習近平は、ともに米国を見くびり、不必要に米国を刺激し、自分の力量を過大評価しているという点でも共通していると指摘しています。そして南シナ海や東シナ海で局地的な衝突が発生すれば、むしろ軍事的メンツをつぶされるのは中国のほうで、それが、軍の習近平に対する不満爆発の導火線になる、という見立てを示しているのです。

私が危惧しているのは、南シナ海危機を習近平は望んでいるのではないか、ということです。うまくいっていない軍制改革を一発逆転させるてっとり早い方法は習近平体制の軍による「局地的戦争」の勝利です。海軍に具体的な戦果を上げさせれば、陸軍の利権・権力を削ぐこともできます。

宮崎　習近平が戦争に突入する可能性は十分ありますよ。むしろ、政治的に失敗したリーダーが軍部を掌握し主導権を確立するために対外戦争を起こすというのは、歴史のセオリーといってもいいくらいです。

エドワード・ルトワックによると、習近平への権力の集中度合いを測るうえで注目すべき点は、習近平の李克強に対する処遇だと指摘しています（『月刊Ｈａｎａｄａ』二〇一六年九月号)。つまり、毛沢東にとっての林彪《りんぴょう》を引き合いにだしているわけです。毛沢東は林彪が軍部の権力を掌握したあとで、失脚させた。そうすることにより、解放軍が独自のリーダーを育てようとする芽を摘んだ。

このところ「先軍政治」的な発言をする習近平が気になるところです。

令完成ファイルをアメリカが脅しに使うタイミング

宮崎　ところで令計画《れいけいかく》の弟・令完成《れいかんせい》が二千七百件の秘密ファイルをもってアメリカに亡命した、影響が水面下で出ていませんか?

機密情報の第一は公安副部長の馬建《まけん》らが撮影していた幹部等の淫乱ビデオ。これがユーチューブなどで流れ出すと高層部は大揺れになる。

第二の機密ファイルは第十八回党大会直前までに血を血で洗うかのような、みにくい権力闘争の内幕や幹部等が持ち出した海外資産の詳細リスト。

第三が数十年来の中国の対外政策の秘密文書など外交機密が含まれる。

第四は核兵器とその隠匿場所、システム、そして発射指令系統と、アクセスする暗号などが含まれるという。

中国は孟建柱《もうけんちゅう》(国家安全会議秘書長)と郭声琨《かくせいこん》(公安部長)を米国へ派遣し、令完成の身柄引き渡しを要求し、「強制送還に応じなければ経済難民を二万人送り込むぞ」などと凄みを利かせたという眉唾情報も飛び交った（『博訊新聞網』十二月六日）。
このネタ元はワシントンの「フリービーコン」というネット情報で、その信憑性への議論はあるものの、これまでの事実経過や、令計画の失脚とともに連座するかたちで公安部幹部やインサイダー取引の黒幕などが連鎖拘束されており、概括的には整合性があります。
福島　これは在米亡命華人学者の何清漣《かせいれん》の推測に過ぎないのですが、令計画にでた無期懲役という判決は、かなり重いと思いますが、重刑をあっさり出したということは、令完成の情報は大したことがない、こけおどしにすぎないと、習近平側が判断したのではないかという説があります。つまり、令計画の情報はアメリカに渡っているはずなのに、中国に対して決定的なリアクションがないのは、使える情報でない可能性が高いと。
宮崎　ただ、アメリカの場合、もっと決定的な瞬間を虎視眈々《こしたんたん》と待っていて、タイミングを見計らって脅すという外交手段もありますよ。
福島　これは何清漣さんの意見で、私は実際にどのくらい影響力があったかというのはわかりません。ただ、少なくとも習近平が一時期戦々恐々としていたのは事実です。
令計画の判決がいままでなかったのはおそらく、弟の情報がどういういうカタチで出るのか様子をみていたのだと思いますが、すでにアメリカに渡っているから、令計画を人質にできるよう無期懲役という判決を出したということもあるでしょう。

宮崎　バラしたら、この男はどうなるかわからんぞと。ただ、令完成がアメリカに逃げたとき、中国は私服エージェントを百人以上アメリカに派遣して、令完成を拉致しようとしたでしょう。それにアメリカが大変立腹した。

福島　それは、香港やタイで中国がやっていることをアメリカ国内でもやろうとしたわけで、さすがにアメリカのメンツが許さなかったわけですね。

宮崎　暗殺命令も出ていたとか、様々な怪情報も飛びました。

福島　令計画には見せしめをしないと、第二、第三の令計画が出ますからね。

宮崎　結局、どこにいるかさえわからなかったわけで、ということはアメリカではFBIは完全に令完成の身柄を守っているのです。そこまでFBIがするということは、やはりすごくいい情報なのだと思います。おそらくFBIはそれをまだ国務省に渡していないのでしょう。国務省は親中派の巣窟でもあり、ハト派ばかりですからね。だから国務省は決定的な交渉の武器があっても使えないという状況なのではないでしょうか。

福島　習近平の暴走を止めるもう一つの可能性は、やはりアメリカを中心とした国際社会の情報工作です。第二章でも述べたように、香港の雨傘革命にはアメリカやヨーロッパのマネーが入っているといわれています。資金だけでなく、デモや運動のやり方のノウハウもNED（アメリカ民主主義基金）が伝授している。アメリカの仕掛ける香港の「アラブの春」を習近平は非常に警戒しています。

現に習近平政権になってから、アメリカに対し「外国敵対勢力」という言い方を頻繁《ひんぱん》に使用するようになりました。胡錦濤政権のときは「外国勢力」とはいっても、そのような言葉を使いませんでした。しかし習近平の立場にたってみれば、中国のいちばんの敵というのは、外国敵対勢力と中国国内の不満分子が結びついて起こすクーデターや、政権崩壊の画策に違いなく、令計画の秘密ファイルもパナマ文書もその一環であることは明らかです。

任志強バッシングのターゲットは王岐山

宮崎　さてさて中国の長谷川平蔵こと、王岐山の命運はどうですか？　習近平の反腐敗キャンペーンの元締めとなって精力的な活動をつづけてきた王岐山が、最近、習から離れつつあり、習近平政権の権力基盤は大きく揺らいできたという観測があります。王岐山は宿泊していたホテルが放火されたり、暗殺未遂も九回か十回、あったといわれる。

福島　これまでは盟友関係だったようですが、いまは微妙だと思います。

これは以前私がコラム（「中国新聞趣聞～チャイナ・ゴシップス」日経ビジネス）に書いたこ

とでもありますが、〝十日文革〟と揶揄《やゆ》される任志強《にんしきょう》バッシングがそのきっかけになりました。任志強と王岐山とは幼馴染の関係で、深夜に電話で話し込むくらいの仲であったため、任志強バッシング報道の目的が、じつは王岐山バッシングではないかとみなされたからです。

これは中国の権力闘争における「指桑罵槐《しそうばかい》」の典型なので、少し長くなりますがその経緯を振り返りたいと思います。

宮崎　指桑罵槐とは、桑を指して槐《エンジュ》を罵るの意で、すなわち、当人ではなく別の相手を批判することにより、間接的に目的を達せようとする中国の常套手段です。

福島　ご承知のように、任志強は不動産大手・華遠集団総裁を務めたことのある太子党の不動産王で、二〇一四年に企業家から足を洗ったあとも、中国不動産協会副会長など役職を務め、あいかわらず、不動産業界のドンとして君臨していました。その一方で、〝中国のドナルド・トランプ〟というあだ名がつくほどの放言癖があり、公然と党を非難しても、これまでは王岐山との関係もあって、黙認されてきました。ところが、その任志強を中国の大手メディアが足並み揃えて一斉にバッシングを始めたのです。

きっかけは、二月十九日に、習近平がＣＣＴＶ、人民日報、新華社を視察に訪れたときに、テレビ画面に大きく「ＣＣＴＶの姓は党、絶対忠誠を誓います。どうぞ検閲してください」

と卑屈な標語を掲げたことに対して、任志強が「人民の政府はいつ党の政府になった？」「すべてのメディアの姓が党になって人民の利益を代表しないようになったら、人民は忘れ去られて片隅においやられるんだ！」とネット上で痛烈に批判をした。この発言は、ネットユーザーらのみならず、体制内知識人にも大いに受けました。

するとすかさず中国の大手ネットメディアらは「任志強は西側憲政民主の拡声器だ」「任志強は民衆の代弁者のふりをして、民衆の反党反政府の憤怒の情緒を扇動している」などとあたかも文革のつるし上げのようなバッシングを開始しました。

宮崎　なにしろ任志強のツィッターのフォロアーが三千七百万人もいた？

王岐山と習近平の蜜月関係が壊れた!?

福島　表向きは任志強 vs. 党中央メディアの構図にみえますが違います。

じつは、任志強は党中央メディアの卑屈な習近平への擦《す》り寄りぶりを批判しているようにみえて、その本質は個人崇拝をメディアを通じて仕掛けている習近平自身に対する批判でもあったわけです。

また、一方の中国メディアおよび中央宣伝部にしても、威勢よく任志強バッシングを展開した本当の狙いは、習近平への忠誠心からではなく、習近平と王岐山の蜜月関係に楔《くさび》を打ち込もうとした中央宣伝部の画策ではないのか、との観測もあります。

彼らが任志強バッシングの体を借りて王岐山攻撃を始めた、あるいは習近平と王岐山の間に亀裂を入れようとしている、というのが中国政治ウォッチャーの見立てです。

現に、任志強バッシングを最初に開始した「千龍ネット」（北京市党委宣伝部主管のニュースサイト）が掲げた「誰が任志強を〝反党〟的にさせたか」という一文では「任志強が夜中に頻繁に電話する指導者」と、要するに任志強が恐れることなく習近平政権批判めいたことをいえる黒幕は王岐山だ、ということをほのめかしています。

しかし、より興味深いのは、任志強・王岐山バッシングを止められるはずの習近平が一切動かなかったことです。と同時に、私の観察したところ、王岐山が習近平との関係を修復するために、任志強に批判をやめさせるように働き掛けた形跡もありませんでした。

すなわち、任志強バッシング事件は、中央宣伝部が習近平と王岐山の間に亀裂を入れようという狙いで仕掛けたのは事実かもしれませんが、結果的には、習近平と王岐山の権力闘争となったことも否めない。

次の党大会で常務委員制度廃止の可能性も

福島　ところで、なぜ任志強事件が「習近平の十日文革」と皮肉られているかといえば、二月十九日の習近平の三大中央メディア訪問を機に始まった習近平礼賛報道を、〝文化大革命〟になぞらえると、毛沢東の文革は十年続いたのに、習近平の〝文革〟は、任志強（あるいはそのバックの王岐山）に阻まれ、十日で終わったからです。

宮崎　すると来年（一七年）秋の第十九回党大会が大きな問題となってきますね。

福島　ポイントの一つは、政治局常務委員の六十八歳で引退という暗黙の定年制「七上八下」を撤廃するかどうかです。王岐山は来年定年になりますから。そのルールをなくすという議論がすでに始まっており、王岐山を政権に残すための口実かと思っていましたが、微妙なところです。

それどころか、香港誌『亜洲週刊』によると、最高指導部である政治局常務委員会の廃止を検討しているとのことです。同誌によると、指導部の間で党内の制度改革を求める声が強まるなか、常務委は「余計」な存在であり、「プラスよりマイナス面が多い」と批判が高まっているとし、これに対処するため、既に共産党の中央党校や政府系シンクタンクの国務院発展研究センター、学術団体の中国行政体制改革研究会の専門家が常務委廃止を含め、問題点の検討に着手したという。

政治局常務委員制度が次の党大会で撤廃されるかもしれないという観測をいう人は、じつは私のパイプでも意外と多いです。まさかと思いますが、それくらいのことをやりかねないというのがいまの習近平のようです。習近平の独裁にとっては、王岐山も含め他の政治局常務委員は邪魔なのです。習近平は孤立しているので七人の政治局常務委員を通して物事を相談して決めるという体制だと、何かと面倒くさいわけです。むろん、政治局常務委員制度を撤廃するにも、七人の常務委員に十八人の政治局委員も加えて、二十五人の多数決で決めなくてはならない。だけど、何かからくりを使って、突然それをやってしまう可能性があるとさえ囁《ささや》かれているのです。場合によっては普通選挙を行うのではないかと。反腐敗運動で習近平は人気が高いから案外当選するのではないかというのです。

しかし、政治局常務委員の多数決による「集団指導体制」は本来、鄧小平と趙紫陽《ちょうしよう》の権力闘争が一九八九年の天安門事件を引き起こし、一つ間違えば共産党独裁体制が転覆するかもしれないというほどの危機感を経験した反省から生まれたものです。その先人たちの知恵を習近平は破壊しようとしている。中国にとっても暗澹《あんたん》たる近未来です。政治局常務委員会制度廃止までいかなくても七人体制を五人に縮小するなど、政治局常務委員会の力をそごうと画策しているみたいです。

宮崎　とても新鮮な分析をうかがえました。

第四章

権力闘争の陰に悪女あり

中国の歴史を動かす女たち

宮崎　中国の裏面史というか、中国の政治は女が後ろで操っている面が強くあります。福島さんは『現代中国悪女列伝』（文春新書）のなかでそのことを詳しくお書きになっていますね。そこで、中国の悪女の原型というのは誰になりますか。

福島　この本では歴史としては現代に絞っているので、詳しくは書いていませんが、最古の悪女は殷《いん》王朝末期（紀元前十一世紀ごろ）の帝辛《ていしん》（紂王《ちゅうおう》）の妃であった妲己《ダッキ》でしょう。日本では「九尾の狐」伝説でお馴染みだと思いますが、さすがに伝説じみていているので、実在の人物として一般に中国三大悪女と称されるのは、呂后《りょこう》、則天武后《そくてんぶこう》、西太后《せいたいこう》です。これに毛沢東《もうたくとう》の夫人の江青《こうせい》を加えることもあります。

私は本書のなかで、「悪女」と呼ばれるには四つの条件があることを紹介しました。

1. 美女である。
2. 才媛である。
3. 世間を驚愕させる事件を起こす。
4. 政治権力とかかわりがある。

魅力のある女は金と権力を呼び寄せます。そして、世の中を驚愕させ、ゆすぶり、時代をかえるきっかけとなる事件を引き起こす。いわば、国を滅ぼすほどの「傾城」の美女たちをさします。

宮崎　「傾城《けいせい》の美女」って言葉があるけど、日本でいうと誰になりますか?

福島　北条政子《ほうじょうまさこ》、阿野廉子《あのれんし》、日野富子《ひのとみこ》が日本三大悪女といわれています。ただ、「傾城」にはいたりません。スケールでいえば中国のほうがはるかに大きいです。

現代でみても、毛沢東夫人・江青は毛沢東に打倒劉少奇《りゅうしょうき》を勧め、数十万〜数千万の死者をだしたといわれる文化大革命で「新四人組」の一人として主導的役割を担いました。また、林彪《りんぴょう》夫人である葉郡《ようぐん》も江青に匹敵する悪女で、毛沢東暗殺計画を企てました。政治力にしてもそれを突き通す情念にしても桁《けた》が違うのだと思います。

宮崎　習近平夫人の彭麗媛《ほうれいえん》も、そういう文脈からみれば、「悪女」ですか?

福島　そういわれています。ただ本当の意味での悪女というよりは、中国では政治に影響を持つ女ということで悪女扱いされる傾向がありますが、習近平にとっては「あげまん」といっていいくらい。対照的なのが薄熙来《はくきらい》夫人の谷開来《こくかいらい》で中国の典型的な悪女です。彼女のせいで薄熙来は失脚したといっても過言ではありません。

宮崎　習近平と薄熙来は似たような境遇で育っています。ともに習仲勲《しゅうちゅうくん》、薄一波《はくいっぱ》と八大元老と呼ばれ強力な権力をふるった父をもち、文革のときには父とともに失脚し下放される憂き目にあった。文革終了とともに大学へ進学、ほぼ同時期に地方官僚として政治家人生をスタートさせた。ところが、いまではかたや総書記となり、もう片方は失脚させられて監獄につながれている。

してみると、この二人の差は妻の差にあるのかもしれませんね。

では、習近平と薄熙来の権力闘争に二人の「悪女」がどのようにかかわったのか、その内幕を追ってみることにしましょう。

習近平と彭麗媛の出会い

宮崎 総書記になるまえの習近平は存在感が薄《うす》かった。むしろ国民的歌手だった彭麗媛の方が有名で、習近平というよりも「彭麗媛の夫」で通っていました（笑）。

福島 彭麗媛は日本でいえば「美空ひばり」級で、解放軍少将の位をもっています。ちなみにいうと、中国軍の実質的な最高階級は上将で二〇一五年七月現在現役だと三十八人、中将が百七十七人で、少将は次の軍銜《ぐんかん》（階級）で、合わせても将軍と呼ばれる人数は千四百人程度です。解放軍は全体で二百万人いますから相当偉い。

彭麗媛が妻でなければ習近平の出世がここまで順調だったかわからないといわれるほどです。

彼女の父親は文化的知識人であったため、文革で党籍を剝奪され迫害をうけます。そのため、内向的な少女だったようですが、歌の才能は他を寄せ付けなかった。やがて、八四年に解放軍総政治部歌舞団に入団。軍属歌手として中越国境紛争の激戦地に慰問にいったという武勇伝も残っており、いまなお解放軍兵士たちの女神です。

習近平に出会ったのは公式の記録では八六年に知人の紹介となっていますが、実際は、すでに七九年に彭麗媛がまだ山東省《さんとう》の田舎歌手であったころから、二人は恋仲にあったといいます。習近平は彭麗媛との結婚を望んだようですが、父親に反対され当時駐英国大使・柯華《かか》の娘である柯小明と政略結婚をします。習近平とは不倫関係がつづいていた。二人に転機が訪れたのは、柯華が権力闘争で敗れたためその娘と夫婦であるメリットが習家になくなり、むしろ国家の歌姫となっていた彭麗媛と結婚するほうがプラスだと、習仲勲が許したからです。

ヒラリーやメルケルを女性蔑視の中国はどうみているのか

宮崎　中国は日本と違って、妻と愛人の差があまりありませんね。日本では歌の文句にあるように〽妻という字にゃ勝てはせぬ、だけど。

福島　それは、中国では女性の地位が非常に低くて、妻は結婚しても婚家の一族の正式な一員にはなれないからです。だから結婚しても日本のように姓が変わりません。家に嫁ぐという感覚がないのです。中国において妻は婚家の永遠の部外者であり、永遠の敵です。だからメリットがなくなればいつでも切っていいんですね。

宮崎　中国で女性の地位が低いということはわかりますが、それなら、世界の女性指導者たちを中国はどうみているのでしょうか？　たとえば米国はヒラリー、英国でメイ新首相。お隣の韓国の朴槿恵《パククネ》さんやこのあいだまで、フィリピンの大統領だったアキノさん。インドはガンジー、インドネシアもスカルノの娘がいっぺん大統領になりました。パキスタンはブット、バングラデシュはハシナ、こういう女性の政治指導に対する中国人の感覚というのはどうなのでしょう？

福島　女性指導者ということでいえば、いま宮崎さんがおっしゃった彼女たちは、女性であるというよりは、血筋でトップになった人たちなので、とくになんとも思っていないような気がします。

宮崎　血筋もあるけれどフィリピンの場合は元大統領未亡人です。

では、西側ではどうですか。アメリカは血筋も何も関係ないヒラリーが次の大統領になりそう。あるいは鉄の女のサッチャーがいた。彼女たちは出自は関係ない。どちらも名門の出身とはいえませんね。

福島　中国の場合、結局女というよりも、権力があるかないか、お金があるかないかというところがポイントなんだと思います。

ただ、蔡英文《さいえいぶん》のことは明らかに女性差別の文脈で非難を出しました。海峡両岸関係協会の理事で軍事研究員の王衛星《おうえいせい》が蔡英文に対して「独身女性政治家として彼女は愛を背負っておらず、家族も薄く、子供の心配もない。政治スタイルと戦略において感情的、私的、極端になりがちだ。政治的な策略においては戦略を軽視して、細かな戦術を重視して、短期的なことに重きをおいて長期的な目標はあまり考慮しない」と論評したと新華社にでていました。

宮崎　蔡英文総統は学者上がりですから、論理的で理性的で感情を表さない女性なんだけれどね。

福島　中国では女性は欧米以上にガラスの天井が低い。政治局常務委員に女性が入ったことはないです。それなのになぜか、欧米は中国というのは女性実業家が多いとか、女性が活躍しているというような評価をしたがりますが、全然違います。逆に女性蔑視が激しい風土だからこそ悪女が生まれるのです。

反対に、日本に悪女が少ないのは日本の女性は権力やお金がなくても生きていけるからです。中国の女はそれがないと何をされるかわかりません。

宮崎　そうともいえるし、お金に絶対的な価値観をおかない伝統もあります。

政治・国際センスは習近平をもしのぐファーストレディー

福島　そういう中国にあって、彭麗媛は歌だけでなく、政治・国際センスも習近平をしのぐといわれる女性でした。政治家の妻として積極的に活動します。たとえば、習近平が浙《せっ》江《こう》省党委書記時代には、引退した江沢民《こうたくみん》夫妻をさながら嫁のように仕えもてなしたのは彭麗媛です。

宮崎　江沢民のお気に入りが、もう一人の国民的歌手、宋祖英《そうそえい》でしたね。

福島　宋祖英と彭麗媛は姉妹のような関係です。彭麗媛は宋祖英を姉のように慕っている。江沢民の愛人関係になったというのはまことしやかにいわれているんですが、実は誰もその裏は取っていません。ただ、面白い話があって、江沢民に直接宋祖英の話をすると消されるという噂があります。ある地方に江沢民が視察に行ったとき、省長が出てきてゴマをする。その中の一人が、わたし宋祖英さんのすごいファンなんですと、お元気にされてますでしょうかというと、翌日、その人の席から何から全部なくなっていたそうです（笑）。

それはともかく、宋祖英のつてもあって、習近平と江沢民の橋渡しを行う役割も彼女は果たしました。

また、共青団とのパイプとなったのも彼女です。彭麗媛は共青団中央旗下にある全国青聯の副主席を務めたことがありますが、この組織の主席・副主席は劉延東《りゅうえんとう》、李克強《りこっきょう》も務めました。

日本人には悪評だった、習近平の天皇陛下特例会見（〇九年）も彭麗媛の内助の功があったといわれています。彼女は習近平訪日の前月に、日本で解放軍オペラ「木蘭詩篇」を学習院大学で上演したさい、皇太子殿下と会場で出会っていたという経緯があるからです。

宮崎　あの会見は「一カ月ルール」を破ったから多くの日本人が怒りました。しかも習近平は写真を撮るときにはふんぞり返っていた。話によると撮影前はペコペコしていたようですが。中国はあれだけ反日をやっていながら、天皇陛下との会見は大きなステイタスになるというのも矛盾でありじつに不思議な国です。

福島　国家主席になるためには絶対必要な会見でしたから、彭麗媛の貢献はとんでもなく大きい。彼女が習近平の外遊に随行するときは夫の同伴者という立場ではなく、外交訪問団の正規メンバーとして登録されています。彭麗媛のファーストレディー外交は欧米メディアも好意的に取り上げています。蔣介石《しょうかいせき》の片腕として外交面で活躍した宋美齢《そうびれい》や清朝末期の命運を握った西太后にたとえる評価も出ています。

宮崎　宋美齢はわれわれからみれば悪女ですが、抗日で共闘した仲間と蔣介石が再評価されて以降、中国では宋美齢への評価が劇的に変わったんですね。

福島　いまの中国における評価では女傑です。悪女ではないです。二〇一五年の世界反ファシズム戦争勝利七十周年記念に合わせて封切られた抗日映画の「カイロ宣言」に登場する宋美齢は香港の人気女優・劉嘉玲《カリーナ・ラウ》が演じて、大変魅力的に描かれています。

宮崎　隔世の観がするのは、九江《きゅうこう》から山へ登ると有名な避暑地の廬山《ろざん》、あそこに毛沢東と蔣介石が会談をやった別荘が記念館になっていて、入口にトイレがあるのですが、蔣介石専用トイレと書いてあるのです。つまり、かつてはそれだけ蔣介石は貶められていた。

中国芸能界を牛耳るやり方は毛沢東夫人に匹敵

福島　彭麗媛の功績として忘れてはならないのが、芸能界における権力闘争での勝利です。中国の場合、文化芸能は、単なる庶民の娯楽ではなく、党中央の政治宣伝であり、世論誘導のカギを握る大きな権力です。芸能界を掌握するかどうかは、完全に政治がものをいいます。習近平が政権トップの座に就くまでは、芸能界のドンは曾慶紅《そうけいこう》の実の弟である曾慶淮《そうけいわい》で、彼女は一芸能人にすぎませんでした。

その地位を芸能界にうとい習近平にかわって、彭麗媛は奪うのです。

政権についた習近平は二〇一四年十月に文芸工作座談会を開き、重要講話を発表します。

この座談会の真の狙いは、プロパガンダを担い世論を左右する文化芸能界の主導力と利権を曾慶紅ファミリーから習近平政権に取り戻すことですが、彭麗媛は約一年かけて自分の仲間である芸能関係者に働きかけて、最終的には解放軍総政治部の批准も得て、この会議の招集を実現させます。重要講話も彭麗媛の意見をもとに、中央宣伝部が起草し、チェックしたのも彼女でした。この時の彭麗媛は、六九年の文芸工作座談会で政治舞台に躍り出た毛沢東夫人・江青と同じ役割を果たしたと指摘されています（『彭麗媛干政』）。江青はこの座談会後、文芸界の大粛清の指揮をとりました。

宮崎　確かその頃に、ジャッキー・チェンの息子のジェイシー・チャンが大麻で起訴されましたね。ジャッキーは江沢民と近い位置にいました。

福島　文化芸能界の麻薬・ドラッグの流通は、曾慶紅ファミリーの利権につながっているといわれており、それを取り締まったものです。これも彭麗媛の仕込みだったといいます。

彼女には江青のように表舞台からみえる暴力的な要素はありませんが、表面からはわからない形で習近平の政治に影響を与えつづけているのでしょう。

典型的な悪女で夫の薄熙来を破滅させた谷開来

宮崎　次に薄熙来夫人の谷開来《こくかいらい》ですが、彼女の両親も共産党員でしたね。

福島　筋金入りの共産党員でしたが、母親の政治的失言により権力中枢からは離れます。やはり文革で両親が反革命罪により投獄され、谷開来は下放された四人の姉たちとも離れ離れに暮らすことになります。文革が終わると、最も難関の北京大学を目指し、見事法学部に合格。彼女は入学とともに、名を変え、年齢を変えます。じつは彼女の名前が変わるのは二度目で、初めは望麗でしたが、文革時代に合わないということで開莱となり、今度は自分の意思で開来にかえます。

　薄熙来と出会ったのは、公式には一九八四年とされていますが、北京大学時代にはすでに男女の仲だったようです。その時点で薄熙来には妻がいたので不倫の関係でした。薄熙来の妻は開国元老の娘であり、人民解放軍軍医という高い地位にあったこと、しかも谷開来にとっては義理の兄の妹という親族関係であったため、公にできませんでした。

　彼女は北京大学で修士課程を修めたあと、米国留学の権利を手にしますが、それを蹴ってまで薄熙来を追いかけ同棲を始め、一九八七年には息子・薄瓜瓜《はくかか》を産みます。彭麗媛は確かにたいした人だなと思いますが、谷開来も凄腕の法律家として、薄熙来を支えました。アメリカ受けする美女で英語もペラペラだった。それが途中から狂いだした。

宮崎　薄熙来が大連市長をやっていたときに谷開来は大連《だいれん》に弁護士事務所を開いて、膨大な顧問弁護料なるものをとって、だんだん大きくなってきたわけでしょう。

福島　大連では徐明《じょめい》と出会い組んだのがいちばん大きかった。徐明は大連実徳集団の総裁であり、米経済誌『フォーブス』の長者番付の常連だった資産家ですが、開来は徐明帝国の女王様でした。薄熙来よりも開来に絶対服従で、息子の瓜瓜にも欲しいものは何でも買い与え、開来の財布となっていました。徐明の金が彼女の欲望を加速させていった面はあると思います。もっとも肉体関係はなかったようですが。

宮崎　開来の情夫は二人いて、一人は英国人のニール・ヘイウッド、もう一人がフランスの建築家のパトリック・アンリ・ドゥビレール。ヘイウッドが重慶《じゅうけい》にあるホテルで殺され、ドゥビレールはその前に危機を感じとってカンボジアに逃げましたが、二〇一二年に彼は「いかなる容疑」かは告げられないままに拘束された。

福島　薄熙来失脚の決定打となった「ヘイウッド事件」（二〇一一年十一月十四日）は薄熙来ほどの政治力があれば、過剰飲酒による死として報告書がまとめられ、事件を終わらせることはできたはずでした。

それが破局したのが王立軍《おうりつぐん》の米総領事館駆け込み事件（一二年二月六日）です。このとき、王立軍は「ヘイウッドは殺害された」と証言しました。

宮崎　あの事件は衝撃でした。王立軍は重慶特別市の副市長兼公安局長として、腐敗分子とマフィア退治に辣腕を振るっていた人物です。彼は薄熙来とは遼寧《りょうねい》省時代から知り合っていて、父親がモンゴル人、そうとうな武闘派だった。体格もいいし、マフィアに拳銃一丁で殴り込むという逸話もあったぐらいです。その王立軍というのは何ゆえに薄熙来夫妻を裏切ったのでしょうか？

福島　王立軍自身が薄熙来に裏切られるのではないかと、危機感を持ったというのがいちばん有力です。谷開来がヘイウッドを殺害する動機については諸説あります。①ヘイウッドと薄瓜瓜の同性愛説②ヘイウッドと開来の男女関係のこじれ説③開来の情緒不安定説④ヘイウッドの強請説⑤ヘイウッドの間諜説⑥開来冤罪説など。

一説によると谷開来はもう寂しくてしょうがないときに王立軍とも肉体関係があったといいます。年下の王立軍にしてみれば、好きというよりは同情だったかもしれません。真相はよくわかりませんが、谷開来がニール・ヘイウッド殺しの後処理を王立軍に頼んで、王立軍は引きうけた。

王立軍は後にそのことを薄熙来に伝えます。それを薄熙来が「脅迫」ととらえた。あるいは真相を打ち明けたとき、王立軍は正直に谷開来との肉体関係までしゃべってしまった。いずれにしても、このとき、薄熙来は王立軍の顔を平手打ちし、対立が決定的となった、と伝えられています。じっさい、その後で、王立軍は部下ら三人が違法な取り調べを受けたり、運転手が不審死したのを見て不安に駆られ総領事館に駆けつけました。すべての元凶は谷開来なわけです。

福島　中国の正統な悪女でしょうね。

宮崎　あげまんじゃなくてさげまんだ（笑）。

アメリカが王立軍の亡命を認めなかった理由

宮崎　それにしても、成都《せいと》の米国領事館へ駆け込んだ王立軍の亡命をアメリカはどうして認めなかったのか、大いに疑問です。

共和党外交委員会に所属するイリアナ・ロス＝レイティネン議員はヒラリー国務長官（当時）に書簡をおくり、そのことを詰問しています。また政治上の配慮だとすれば人道上の問題でもあることを指摘しています。

ワシントン・タイムズのビル・ガーツ記者は、今回の事件を「王立軍の叛逆」と定義し、「CIAは多大な中国の闇の奥に広がる『神秘な情報』を獲得できたはずだ」としました。ガーツは特ダネを連発する辣腕の記者として知られます。

米国務省のビクトリア・ヌーランド報道官（当時）がいったような「王立軍は自分で選択して、あるいて領事館の外へ出た」という公式見解も怪しいとするのが、ワシントン・タイムズや共和党保守派の位置づけのようです。ヌーランドはネオコンの論客ロバート・

ケーガンの夫人です。

これまでに判明した事実は「成都の米総領事館に王立軍は二月六日午後十時、変装して入館し、総領事のピーター・ヘイモンドが面会したこと。王はボスだった薄熙来の腐敗ぶりと新マフィアとの繋がりなどの機密を語ったこと。そしてヘイモンド総領事は北京の米国大使ゲイリー・ロック（中国系アメリカ人、前商務長官だが北京語ができない）に情報をあげ、大使はワシントンの国務省高官からオバマ大統領補佐官にまで決済を仰ぎ、このルート間では激烈な討論があったことなどが判明している」（『多維新聞網』一二年二月十七日）。ということは最終的にオバマの不決断に帰着する。

福島　オバマが弱腰だったのでしょう。

当時は胡錦濤政権ですから、オバマも対中感情はそう悪くなかった。そして、胡錦濤も王立軍は殺さないと約束した。薄熙来を潰す材料として王立軍を中央に引き取ったのだと思います。薄熙来の失脚というのは完全に谷開来が原因で、そうでなければ薄熙来はいまごろ少なくとも政治局常務委員にはなっていたでしょう。

宮崎　息子の薄瓜瓜、ボストンの七階建てのフィットネスクラブ付きの豪華マンションに住んでいましたが、大学院卒業直前、民間警備会社のガードマンに付き添われたまま出て行った。かれを最初に匿ったのはエズラ・ヴォーゲルです。ヴォーゲルは『ジャパン・アズ・

ナンバーワン』を書いて親日派学者のチャンピオンといわれましたが、いつの間にか親中派に転身して、『鄧小平伝』を書きましたね。薄瓜瓜はいまでも中国に帰ったらヤバいから、ずっとアメリカにいる。

福島　通常なら呼び戻されるところを、谷開来が息子を呼び戻さないことを条件に薄煕来の情報を提供し、自分の罪を全部認めるかたちで取引したのでしょう。

宮崎　事件自体は、胡錦濤《こきんとう》政権でのことですが、裁判の結果がでたのは習近平政権だから、彼にとっては、幸運だった事件です。最大のライバルが自分の手を汚さずに消えたわけですから。

習近平は薄煕来のやり方を真似している

福島　習近平のいまの反腐敗運動をみていると、重慶市で薄煕来がやった「打黒」とそっくりです。「打黒」というのは「マフィアと癒着した汚職官僚」を徹底処分することですが、本質は権力闘争ですから濡れ衣を着せられた人も多い。

確かに重慶市はもともと哥老会《かろうかい》などの地元の政治結社の伝統がある都市で、地元結社（黒社会、マフィア）と企業と官僚の癒着の激しい地域ではありましたが、薄煕来にしてみれば、前任者で共青団のエースであった汪洋《おうよう》の部下が邪魔だったという権力闘争にすぎません。

その「打黒」に辣腕をふるったのが王立軍です。ムチャクチャにやった。

習近平は薄熙来の影響を受けているようにみえます。

宮崎　薄熙来が習近平の政権を奪うクーデターを起こそうとした話がありますね。

福島　西南《せいなん》軍事クーデター説ですね。

王立軍が米総領事館に持ち出した「機密情報」の中には、薄熙来と周永康《しゅうえいこう》が習近平の政権の座をいかに奪うか相談している声の録音があったといいます。周永康は「時がきたら私の配下三百万銃（武装警察と公安警察の数）があなたに加勢する」と約束していたようです。当時公安権力のトップだった周永康は、「打黒」キャンペーンを高く評価したといわれています。また、精力絶倫型好色漢としてもウマが合い、薄熙来は周永康に二十八人もの選りすぐりの美女を提供したという話もあります。その中には、薄熙来と関係を持っていた女性もかなりいたようです。

クーデターがどこまで本気だったのかはうかがいしれませんが、この会話が、薄熙来と周永康が「西南軍事クーデターを起こそうとしていた」という動かぬ証拠になったとか。

じっさい、薄熙来は、重慶から六百四十キロも離れた成都軍区に属し雲南《うんなん》省昆明《こんめい》市に拠点を置く第十四集団軍にしばしば訪れていました。第十四集団軍は、父・薄一波が抗日戦争時代に率いた伝説のゲリラ部隊・山西《さんせい》新軍を起源とした伝統ある軍です。薄熙来はその父ゆかりの第十四集団軍の武力をひそかに味方につけて、その軍事力と周永康の武装警察力を背景に、習近平から政権の座を奪おうと画策していたといいます。

ほかに、成都軍区の副指令・阮志柏《げんしはく》中将も、薄熙来のクーデター計画に加担していたとされています。阮志柏は成都《せいと》軍区をまとめあげ、「来たるべきとき」、阮志柏と周永康と連携してクーデターを起こすつもりだった、とか。

宮崎　あのとき、北京から拙宅にも電話がかかってきて、クーデターが起き、戦車がでたと日本で報道されていないかと知人から聞かれましたよ。中国では絶対に報道されないから。二〇一二年の三月十九日でしたか、クーデター未遂は。

福島　いわゆる「三・一九政変」ですね。二〇一二年三月十九日の夜に政変未遂が起きたという噂がネットに広がった事件です。三月十五日の薄熙来失脚を受けて、狼狽した周永康と腹心の公安副部長・李東生と阮志柏が、政変計画をはやめるのではないかとみた胡錦濤政権が、先に周永康の身柄を押さえようと、軍を出動させた騒ぎだという説があります。もっとも、これは裏が取れていないのでわかりません。クーデター計画発覚で、追いつめられた周永康は政法委員会のあるビル・政法大楼の地下で銃を頭に当て、自殺直前までいったのを、阮志柏が「江沢民同志に助けを求めましょう」と諌めたとか、どこで見て来たんだよとツッコミを入れたくなる香港のゴシップ本もあります。

阮志柏はこの年五月十三日、北京で突然病死したと公表された。自殺したとも、周永康が情報漏洩を恐れて暗殺したとも、ささやかれています。

なぜ薄熙来は無謀なクーデターを企てたのか

宮崎　薄熙来はどこか習近平を見下していたところはありませんか?

福島　それはあると思います。でなければ、薄熙来は胡錦濤の後継者が習近平とすでに決まって動かせない共産党秩序へ挑戦したりしないでしょう。子供のころ習近平は薄熙来をお兄ちゃんと呼んでいて、薄熙来が習近平をいじめていたという話も聞きます。

薄熙来は野心家で豪胆ですが、習近平は慎重で臆病といわれていた。権力闘争では対立していた江沢民ら上海閥にも、胡錦濤の団派にも、集団指導体制の和を乱さない「人畜無害」な人物だと評価されてきたのが、政権をとる前の習近平でした。

自信家の薄熙来からすればそんな習近平に政権をとられるのが許せなかったのではないでしょうか。しかし、谷開来のヘイウッド事件が仇となり薄熙来は破滅した。薄熙来どころか、周永康、徐才厚、令計画、郭伯雄の失脚までつづく。

宮崎　薄熙来と谷開来、習近平と彭麗媛は夫婦ともども共通点が多いのに、ここまで明瞭に人生の明暗がわかれるのが、中国なのでしょう。やはり女は恐い(笑)。

第五章

経済壊滅ゆえに戦争を狙う中国

いちばんの問題は三千三百兆円の債務

宮崎　この章では中国のゾンビ経済について検証します。結論からいえば、中国経済というのは、もうほとんど死んでいるけれども、なぜか、生きている。どうして生きておられるかというのは、ほぼ死んだ人間に輸血しているからです。まだ二年ぐらい前までは、カンフル注射を打っていて、うまくすれば、起き上がるチャンスはあった。いまやその可能性はほとんど失っています。

そのいちばんの問題は債務です。

英紙『ファイナンシャル・タイムズ』はGDPの二六〇%、およそ二千六百兆円と推測します。ウォール街のファンド・マネージャーで、サブプライム危機を正確に予想したジョン・タルボットは、それよりも多く見積もり、三千三百兆円に昇るといっています。まさに天文学数字、借金大国アメリカの二倍です。

これは経済運営をまかり間違えると、四割近くは不良債権になる。銀行借り入れであれ、社債発行であれ、借入金にかわりはなく、利子を支払わなければなりません。償還時期は必ずきます。成長が止まれば、返済はたちまち不可能となり、企業が債務縮小に動けば、バブルの形成から崩壊に転じる「ミンスキー・モメント」（債務縮小の瞬間）がくる。

中国人エコノミストは「これからは長期の低迷」、つまり「L字型」になるといっていますが、直滑降型の「I字型」となるはずです。なぜなら中国全土の廃墟化、工場の休止状況という惨状を目撃すれば、中央政府も地方政府も国有企業も、返済不能の状態に陥っているからです。

福島　この経済失速の責任を習近平は李克強《りこっきょう》に押し付けて、二〇一七年秋の党大会で引退させようと目下画策しているところだと聞いています。債務膨張の最大の理由の一つは、リーマンショック後からエスカレートした地方の不合理な都市再開発、不動産開発でしたが、これはリコノミクス（李克強経済学）の柱であった「農村の都市化」（城鎮化）政策を口実にした地方政府サイドの野放図な開発計画の乱発がありました。その結果、二〇一六年五月末までに提出された地方の新規都市開発計画三千五百件が全部実現すれば、三十四億人が居住できる小都市が全国各地にできる、という異常事態がおきました。習近平はこれを、李克強が旗振りした城鎮化政策のせいだ、としました。李克強の城鎮化政策の本質は、農村の産業創生、雇用創出もセットとしたもっと有機的な都市化でしたが、それが地方政府の腐敗官僚の手にかかると、農村に突然大型ショッピングモールや高層ビルが出現するようなものになってしまったのです。この都市開発にかかる費用は、銀行の野放図な融資だけでなく、シャドーバンキングと呼ばれる手法で集められました。不条理なまでに高利率を歌った理財商品を通じて、庶民の預金や退職金が、こうした無意味な都市開発投資につぎ込まれた結果、膨大な不良債権を生むことになったのです。

こうした経済失策の責任は、本来、李克強一人が責められるようなものではありませんが、二〇一五年の党中央経済工作会議とそれをもとにした二〇一六年三月の全人代の政府報告がまとめられる過程で、李克強の責任ばかりが追及されたようです。全人代の政府活動報告を読み上げた李克強の様子が、あまりに憔悴し、声がしゃがれ、読み間違いも多かったのは、自分ばかりが経済失策の責任を負わされることへの怒りが滲みでていたからだとか。

政府活動報告に盛り込まれた経済成長目標は六・五%から七%というレンジで示されましたが、これは過去になかったことです。習近平サイドがこの七%と言う数字を盛り込むように李克強に要求したと聞いています。土台無理な成長目標を盛り込まされて、それが達成できなかったとして李克強の責任を問うことができるからです。こういった嫌がらせに、あまり権力欲のなかった李克強も心底、習近平を憎むようになったとか。二人の険悪ぶりは、全人代開幕式で、習近平が李克強の政府活動報告読み上げの間に一度も拍手もせず、にこりともしなかったことからも周知のこととなりました。

猛烈インフレの恐怖

宮崎　通常、日本や欧米といった資本主義国においてマネーサプライは、裏付けとなる赤字国債もしくは政府債券を発行するか、あるいは外貨準備を取り崩して、外貨との相対取引の枠内で市場に資金を供給します。金本位制のときは金を担保にした。ところが、全体主義国家中国では、裏付けのないカネをじゃかすか印刷してまき散らし、不動産暴落を食い止めました。無謀きわまりなきマネーサプライ、ヘリコプター・ベンならぬ「ヘリコプター・習近平」の結末は猛烈インフレです。金融緩和で資金供給を増やしつづけ景気を浮揚させたベン・バーナンキ前FRB議長のやり方を「ヘリコプター・ベン」と称した。

豚肉の値段が中国では指標となりますが、度重なる値上げに庶民の不満は爆発寸前と聞いています。

福島　悪性インフレになって、豚肉が十倍、二十倍、今日もご飯が食べられないような状況になったら、社会動乱になりかねない。習近平はその動乱を抑えるためには武力による治安維持の方法しかありませんが、それだってお金がかかります。歴史的にみれば、経済が崩壊する中国社会は動乱が起こり、乱れ放題になる。そうやって内側から崩壊していくのが一つの中国崩壊シナリオのなかにあります。周辺諸国からすれば、中国から難民はくるし、中国に駐在している人たちの安全も守れないから、それは避けたいと思っている。

宮崎　インフレ、物価の問題と雇用の問題はメダルの表と裏で、どんどん失業者が出ている。製鉄でもつ城下町が一つでも潰れたら、そこでもう二十～三十万の失業者がでる。山西省《さんせい》の北側の大同《だいどう》が典型的です。すでに四十万人が炭鉱の現場を離れて別の職業についたといいます（『サウスチャイナ・モーニング・ポスト』四月十一日）。

石炭価格は数年前の半値以下に下落しているため石炭を産出する黒竜江省《こくりゅうこう》、遼寧省《りょうねい》、河《か》北省《ほく》、内蒙古《うちもうこ》自治区とともに山西省の経済は悪くなる一方です。

失業したって満足な失業手当もほとんどないでしょう。ということはインフレどころか無一文になるかもしれない。となれば、大規模な暴動ですよ。

福島　実際、いま労働者の暴動といっていいようなことは起きています。これはあまりメディアには出てきませんが、労働争議、スト、その他労働者の権利要求運動は、むしろ増えています。それを報道統制で封じ込んでいる。香港に本部のある中国労働通訊の調べでは、二〇一六年上半期に中国で発生したストライキは前年同期比で一八・六％増の千四百五十四件です。一日平均にして八工場で労働争議、スト、抗議活動が起きている計算です。ちなみに二〇一五年の労働争議、スト件数は二千七百七十四件で二〇一四年の約二倍とか。

宮崎　加えてゾンビ企業の再編が遅れていることも問題です。具体的には在庫過剰、設備過剰の鉄鋼、板ガラス、アルミ、そして自動車企業の再編が急がれるのですが、共産党幹部が経営しているため潰せないという面子の問題に加え、福島さんがおっしゃった労働争議、スト、暴動に見舞われて大幅に遅れています。

一方で、余剰鉄鋼のダンピング輸出により世界の鉄鋼産業が縮小、倒産の危機に直面しています。日本でも三基ほど高炉がとまった。韓国ではポスコが倒産寸前、インドのタタ財閥の鉄鋼部門は苦境に陥り、ベトナムでは鉄鋼商社が倒産している。

ゾンビを延命させる欧米

宮崎　そして次に起きるのが、外貨準備が急減することです。世界の投機資金が中国から撤退を始めており、一昨年末に三兆八千億ドルだった外貨準備は、この七月末で三兆二〇〇億ドルとなった。さらに今後も減り続けるでしょう。輸出の落ち込みが、この傾向に拍車を掛ける。

また、高級幹部が師弟を欧米に留学させ、ペーパーカンパニーをつくり、そこに不正資金を送金していましたが、その天文学的な金額が外貨準備高のマイナス部分に入っていない。あの決算、賃借対照表も嘘だらけの作文にすぎません。中国は過去一年で五千億ドル以上の外貨を借り入れている事実は何を意味するか。外貨準備が実際にはゼロに近いことではないのでしょうか。

人民元の信用というのは外貨・ドルの裏付けによって成り立っています。それが空っぽということは、世界が次に恐れなければならないのは、不動産、株式暴落という中国国内問題ではなく、人民元の大暴落です。

ところが、その人民元が暴落せずに為替レートで小康状態を保っている。ここがゾンビ経済のなかでもいちばん不思議なところですが、よくよく考えてみれば、やはりアメリカとヨーロッパが背後で組んでいるということです。IMFの基軸通貨入りを果たす予定の人民元が極端に弱くなれば、中国経済への信用が失われ、人民元がドルペッグ制であるだけに米ドルにも悪影響を及ぼすでしょう。人民元がいま大暴落したら影響を受けるのは、ウォール街とシティ。もちろん日本にもやってきます。だからこそG7財務省中央銀行総裁会議でも、中国の資本規制を渋々認め、かつAIIB（アジアインフラ投資銀行）を黙認し、一緒になって暴落を防ごうと躍起になるわけです。

福島　AIIBというのは、いわゆるシーノミクス（習近平経済学）の柱の一つです。習近平の経済政策の特徴を簡単にいえば、国家資本輸出主義、といわれています。経済を共産党がコントロールするいわゆる開発独裁的な手法を周辺国家にひろげていくというもので、たとえば一帯一路政策というのは、その手法を具体的に示したものですね。これは陸のシルクロードと海のシルクロードに沿う周辺国家、つまり新疆《しんきょう》地域から中央アジアを通ってヨーロッパにつながる地域と、インド洋からアフリカにつながる東南アジア諸国に中国主導でインフラ建設などを行い、経済の一体化を進めると同時に、中華秩序を拡大していこうという経済外交一体化政策です。国内に過剰生産して値崩れしている鉄鋼、セメントなどの建築材を消費することで国内の建築材デフレを解消するという経済的目的のほか、中国が覇権拡大に使える交通インフラを整えるという目的もあります。この政策に必要な資金の調達を目的につくられたのがシルクロード基金とAIIBなのです。外国から資金を調達すること、関係プロジェクトを人民元で決済することで、人民元の国際化もねらうという一粒で三度から五度ぐらいおいしい政策設計です。発案者は王滬寧《おうこねい》と劉鶴《りゅうかく》といわれていますが。

問題だらけの中国の新幹線

福島　AIIBとか一帯一路構想（陸のシルクロードと海のシルクロード構想）によって当面中国は延命を図るつもりでしょう。世界経済にとっても中国が生きていてくれたほうが助かることは間違いありません。

宮崎　ところが、シルクロード構想もほとんど全部挫折でしょう。メキシコ新幹線、米国（ロス↔ベガス）新幹線、インドネシア新幹線プロジェクトの挫折は既に報じられましたね。なにしろ大風呂敷の典型例として中国が自慢する新幹線の話をしますと、私は鳴り物入りだった北京―上海間の開通直後に乗りに行ったことがあります。中国にとって世界に誇る「夢の超特急」の実現で、前評判も高かった。「一番乗り」の切符を何時に売り出すのか、二カ月も前から北京と上海では鉄道マニアに熱気が迸っていたものです。

そもそも、中国において「新幹線」の定義は曖昧ですが、時速二五〇～三五〇キロのAクラス高速鉄道の営業キロはおよそ五千キロ、二〇〇～二五〇キロのBクラス高速鉄道も同様で、合計で一万キロ！

中国政府は「二〇二〇年には高速鉄道が主要な五十万人都市の九〇％を連結する」と豪語していましたが、整備新幹線が遅れに遅れています。

北京―上海間の新幹線は中国では「京滬《けいこ》高速鉄道」と呼称されます。日本の東北新幹線グランクラスのように特等車が設けられ、リクライニングは寝台にもなるシロモノ。ただし、このクラスに乗ると往復三千五百元（邦貨四万五千五百円）もかかるのですが、私は片道だけ、この豪勢な車両の旅を試みました。

グランクラスは中国語で「商務席」。車内では毛布、クッション、アイマスク、タオル、スリッパ、靴カバー、ヘッドフォンなどの備品があり、飲み物、朝食、昼食、夕食のいずれかとスナック、新聞が無料で提供され、美人の乗務員がにこにこ笑いながら運んでくる。おしぼり（紙タオル）、スリッパ（飛行機のビジネスクラスと同等）、スナック（安物）、弁当が無料とはいえ食事メニューは選べないし、味は最悪。とても高級車両で配るモノではない。ご飯のうえに豚肉だけ。ビールは一種類しかない（後日判明したところ前鉄道部長の劉志軍《りゅうしぐん》の汚職激しく賄賂を業者から要求し、とくにビール業者、ミネラルウォーター業者とも結託していたので当該企業製品を新幹線専売としたからだといいます（『博訊新聞網』二〇一一年九月十三日）。

結局、長距離を乗る乗客は少なく、そのうえ温州での新幹線事故直後から時速を五十キロ減速しました。列車本数を二五％削減した。

かくして中国の新幹線は次のような問題点があるのです。

第一に中国新幹線の目玉である北京─上海は工期を二年も短縮、驚くほどのスピードで完成したため安全の側面から将来の事故がまだ懸念される。開業から四日間だけでも三回、エンジンのトラブル、原因不明の煙、豪雨による立往生による大幅な遅延があった。「測量しながら」、「設計しながら」、同時に「工事を行う」という「三ながら主義」は、おそらく全体主義独裁でないとできない芸当でしょう。そもそも日本のように用地買収の手間がかからず、これだけでも工期を数年短縮できた。

第二に駅舎やインフラが同時並行的に工事されていないので新幹線は開業しても駅舎の

工事はまだ普請中、駅前広場はこれからという場所が上海近郊の駅に目立つことです。外交、軍事、政治の総合的整合性を欠く中国を象徴するかのようである。

第三に途中駅すべてが新駅なのですが、旧市内とのアクセスが極端に悪い。たとえば西安新駅、武漢《ぶかん》新駅、広州《こうしゅう》南駅、重慶《じゅうけい》北駅、福州《ふくしゅう》南駅など旧市内へバスで一時間かかる。乗客はこのことも頭に入れて旅行計画を立てなければいけない。おまけに北京の出発駅にしても北京北駅、同南駅、同西駅はそれぞれが新築。こちらも市内のホテルからタクシーを飛ばして一時間近くかかるくらい、じつはアクセスが最悪なのです。

第四にサービスのインフラが不足している点で外国人観光客を呼びにくい。たとえば駅のセキュリティ・チェックに二十分を費やす上、外国人はパスポートがないと切符も買えない。また待合室からプラットフォームにかけてキオスクがない。時刻表を売っていない。駅員はつっけんどんです。

ですから驚くに値しないことですが、開業から三カ月を経ても、北京―上海間の乗客が二割か三割しかおらず、とても採算ベースには乗らないことが判明したのです。

外国勢が中国の持ちかける新幹線プロジェクトを嫌がるのは、こういう背景があります。

「海のシルクロード」もキャンセル続出

宮崎　「海のシルクロード」も巨大プロジェクトが暗礁にのりあげています。バングラデシュのチッタゴンの南、深海の港湾新設をハシナ政権にキャンセルされました。

スリランカのコロンボ沖人工島プロジェクトも怪しいものです。

なにしろ中国が持ちかけていたのはコロンボの沖に人工島を造成し、一大都市と港湾機能をそなえる夢の島をつくって差し上げましょう（実態はチャイナタウンをインドの下腹部に造成する）と持ちかけた。

飛び上がって喜んだスリランカの前大統領は、中国の提案に飛びついた。大統領の息子は特別待遇で中国へ留学しました。二〇一四年、習近平は大型使節団を引き連れてスリランカを訪問し、このプロジェクトに正式に署名したのですが、ラジャパスカ前大統領は、中国に国益を売ったと批判され、猛烈な反政府運動が起きたことでした。

日本にたとえていえば、東京湾に大きな人工島を埋立造成し、その島を九十九年借り受け、中国が管理運営するという話なのですから、独立国家の「主権」の問題からいってもおかしいでしょう。

しかしスリランカは、南方のハンバントタ港をすでに中国に工事を任せ、一昨年の習近平訪問時に合わせて、中国海軍の潜水艦が、ここに寄港しました。スリランカ南方は前大統領ラジャパスカの地盤です。インドは安全保障上、由々しき問題であるとした。

シリセナ新大統領が誕生（一五年一月）、コロンボ沖合人工島プロジェクトは「中断」しました。シリセナは、このプロジェクトを中止に持ち込む考えといわれたのですが、中国はすでに資材を陸揚げし、建設機材などもコロンボの港湾倉庫に山積みされたまま。中国は、工事の遅れを一日三十八万ドルの損害と見積もり、合計一億四千三百万ドルの損害補塡をスリランカ政府に迫ったのです。契約の履行を迫られ悩みに悩むスリランカ新政権は押して押して押しまくられ、ついに屈服するかのように、工事再開に同意しました。

すると、二〇一六年八月二日、主契約社の中国交通建設公司（CCCC）は損害賠償請求を取り下げ、スリランカ政府は百十ヘクタールの人工島プロジェクト建設に渋々、最終的なGOを出した。

裏取引は、ほかに多くの魅了的プロジェクトを中国が提示し、その多くが有利な融資条件であったからとも噂されています。中国の壮大な海外プロジェクトは世界各地で頓挫、挫折しており、とりわけニカラグア運河の工事中断、資金枯渇などを目撃すれば、はたしてこの大プロジェクトは完成するのか、訝しむ声も日増しに多くなっています。

また、英国メイ新政権は中国の原子炉プロジェクトの承認延期を決めました。

日米が入らなければ失敗確実のＡＩＩＢ

宮崎　ＡＩＩＢの未来についていえば、中国がなぜ執拗に日米にＡＩＩＢへの参加を打診したのか。国際機関の格付けを受けるためです。

国際金融機関は、融資の原資を各国からの拠出金と債券発行によって賄うため、信用度をはかる国際機関の格付けを受けてから起債するのが通常です。信用度が低いとＡＩＩＢへの貸出金利が高くなり、資金調達のコストがかさむからです。ちなみにＡＤＢ（アジア開発銀行）は「トリプルＡ」格を取得しているため、低い金利で資金を集められる。しかし、日米が不参加のＡＩＩＢでは、最大の出資国である中国の格付けに近くなり、ＡＤＢに比べ、金利は一％以上高くなる。資金調達が高くなれば貸出金利も高くせざるをえません。それでは貸し出しは不利になる。ですから小生は早々と『ＡＩＩＢ（アジアインフラ投資銀行）の凄惨な末路』（ＰＨＰ研究所）という本も書いている（笑）。

ＡＩＩＢの一号案件が発表されましたが、四件のうち三件がＡＤＢ、世界銀行と、欧州復興開発銀行などの協調融資（六月二十四日付『日本経済新聞』）となっているのはそういう事情があるからです。本当は協調融資などに日本は乗る必要はありません。

暗黙の了承みたいなものが、アメリカが人民元を守ろうとする、イギリスも守ろうとす

失敗続きの中国のインフラ輸出

鉄道	
メキシコ	受注した同国中部の高速鉄道事業が無期延期に
タイ	融資や建設費で折り合えず、 距離を従来計画の3分の1以下に縮小
インドネシア	ジャワ島の高速鉄道を受注するも 書類不備や保証を巡り紛糾
米国	米西部で計画していた高速鉄道が合弁解消に
ベネズエラ	12年完成予定だった高速鉄道が未完成のまま放置
発電所	
ミャンマー	北部で計画していた水力発電事業が凍結
英国	中国製原発の納入で合意したが、メイ首相が承認延期
港湾施設	
スリランカ	コロンボ周辺の港湾整備計画に地元が反対

る、それに日本も協力させられる。そしてIMFが一六年の十月から人民元をSDRに入れるところまできた。これは経済版のグレート・ゲームですね。

福島 不可解なのは日本にとって脅威であるはずの人民元のSDR入りに対し、日本のメディアはおおむね歓迎している点です。人民元の国際化、つまり中国の金融の自由化を期待しているのでしょうが、それは中国に関してあまりにも無知な意見です。

中国はルールを平気でやぶります。前言を撤回することを何とも思っていません。ウォール街とシティは中国の巨大なマーケットを狙っているのでしょうが、中国は経済も権力闘争であるという点を考慮しなければ、むしりとられるだけです。

宮崎　中国人にとって法律とは守るべきものではなく、破るためにある。

中国株式市場の異常性

福島　昨年（一五年）の夏から年初にかけて、まだ記憶に新しいのは上海株暴落です。じつは、株価の乱高下を仕掛けたのは江沢民《こうたくみん》派ではないかといわれています。

それを話す前に、中国の株式市場について簡単に説明します。

自由主義経済の国々とは違って、中国の株式市場の大きな特徴は個人投資家が多いということです。株式投資人口九千万人のうち八割以上が個人投資家です。ただし個人投資家といっても、日本と大きく異なるのは、金融権貴族と呼ばれる民間人、党中央幹部や解放軍幹部の子弟、親族たちの存在です。なかでも、トップクラスの百人に満たない超金融権貴族たちは、株価に影響する政策の変更や政府主導の開発計画などの情報を公表前にキャッチし、巨額の資金で株価を操作するので、ほぼ確実に利益を得ることができるわけです。

もう一つは、中国の株価は政府の介入によって非常に細かく管理されていることです。象徴的なのは一二年に、習近平が総書記に就任した直後の株価暴落です。これは習近平にとって面目丸つぶれです。そこでＩＰＯ（新規公開株）の一時停止で株価を支えました。

その後、金融市場の活性化を経済政策の柱に置いた習近平政権は、一四年にＩＰＯを再開し、金融緩和も進める、株高誘導政策を推進します。まず、香港市場と上海市場の相互取引を実施することにより、個人投資家および外国機関投資家への門戸を拡大し、四度にわたって利上げを行い、銀行の資金を株式市場に誘導しました。

宮崎　一五年六月十二日には上海総合指数が五一六六という最高値をつけました。

福島　私は一四年に上海に行きましたが、証券会社の窓口はさながら鉄火場のような熱気にあふれていました。インサイダー情報をもっていない庶民ですら、政府主導で株価が上がるらしいと、「場外配資」と呼ばれるネット上の信用取引の仕組みを利用して、五〜十倍の高レバジッジの信用取引にはまっていたのですから異常です。

宮崎　あれは街金《まちきん》（日本でいう高利貸し）と組んでましたよ。

官製株バブル崩壊の裏に江沢民派の暗躍

福島　ところがその官製株バブルが一五年五月二十八日に崩壊しました。六月十二日は最高値をつけ一旦持ち直した場面もありましたが、六月十九日に続き二十五日も株価が大暴落し、六月半ばから七月頭までに二八％の下落を記録しました。

この株価暴落は官製誘導ではありません。その証拠に中国政府はＩＰＯを再度停止し、信用取引規制を緩和させて、追加証拠金を入れるための株式換金売りを食い止めようとした。さらには二十一社の証券会社に株価を下支えするため千二百億元を上場投資信託に投資させるとともに、大量保有株主の株式売却を半年間禁止するなど、異例の対応策を打ち出しました。

宮崎　香港も上海のメディアも株価暴落は「ジョージ・ソロスの陰謀」だと彼に罪をなすりつけましたが、中国お家芸のすり替えにすぎない。そもそも、ソロスの投資理論に従えば、あの国の株式市場は資本主義のルールで動いていない。したがってソロス理論を適応させることができませんから、本格的な投機を控えるでしょう。

福島　これは香港『蘋果日報《ひんかにっぽう》』や「自由亜洲ラジオ」などの情報ですが、株価暴落の裏には習近平と江沢民派の権力闘争があるという説があります。

五月二十八日の株価暴落は、中国国有投資会社・中央滙金《わいきん》が二〇〇八年以来保持していた四大銀行株を三十五億元分売ったことが一つのきっかけだというのです。

中央滙金は中国投資有限公司（中投）の傘下企業ですが、外貨準備管理局長だったのは江沢民の長男・江綿恒《こうめんこう》だったため、この会社は江沢民ファミリーと非常に密接な関係があるといわれていました。

また、「楽視ネット（中国の動画サイト）の会長・賈躍亭《かやくてい》はわずか3日で25億元分の株を売った」という、中央財経大学中国企業研究センター主任の劉妹威が六月十五日に「微博《ウェイボー》」上でした発言にも注目が集まりました。

楽視ネットは令計画《れいけいかく》（失脚済）の弟・令完成《れいかんせい》から巨額投資を受けており、賈躍亭と令完成が昵懇であったことは知られているからです。そして、反共ネットメディアの大紀元によれば、令完成は江綿恒ともビジネス上の深い付き合いがあったとか。

令完成は「王誠」の偽名で、「滙金立法」という投資会社の事実上のオーナーであり、二〇〇八年七月には滙金立法から楽視ネットに二千万元を投資、六・〇六％の株を保有した。その後、楽視は上場、株価は十一倍になったようです。もっとも、この滙金立法と中央滙金に関係があるのか、単に名前が似ているだけなのかはわかりませんが。

さらにいえば、ナンバー5の劉雲山《りゅううんざん》の息子の劉楽飛《らくひ》が副董事長を務める中信証券は、自社株の持ち株比率を昨年一月十三日から十六日のわずか三日間で、二〇％から一七％までに減らしていた。これは百十億元に相当したといいます。

劉楽飛は、目下、習近平の汚職ターゲットに浮上している人物です。江沢民派の金融界の大物であった元人民銀行総裁の戴相龍《たいそうりゅう》が三月に紀律検査委に「自首」し、その娘婿の事業家・車峰《しゃほう》が六月に拘束され、車峰と親交のあった劉楽飛が拘束されるのも時間の問題といわれている。彼はすでに辞職に追い込まれています。中国株式市場の、一般庶民でない個人投資家というのは、習近平の反腐敗キャンペーンでターゲットになっている人たちの親族、友人が多いことは確かです。

宮崎　株を暴落させたのはおっしゃるとおり、上海閥でしょう。それから欧米留学帰りで香港で怪しげなファンドを運営する太子党の連中でしょう。李源潮《りげんちょう》や汪洋《おうよう》ら団派につながる関係者のコネも云々されていて、香港のファンド筋って、伏魔殿ですよ。

株価暴落の犯人捜し

福島　証券当局（証券監督管理委員会）は、習近平の側近でもある孟慶豊《もうけいほう》・公安副部長率いる捜査チームとともに、公安当局と連携して、七月より株価暴落に市場操作の疑いがあるとして調査を開始しました。「株価操作」などで捜査対象になったのは多かれ少なかれ、江沢民の孫の江志成《こうしせい》、劉雲山の息子の劉楽飛、曾慶紅《そうけいこう》の息子の曾偉《そうい》ら、官僚・政治家の子弟ら金融権貴族と関係がある会社と疑われています。

証券当局がEコマースの雄、アリババの会長・馬雲《ジャック・マー》が大株主でもある恒生電子の調査を開始しているという報道もありましたが、馬雲が江綿恒の息子・江志成や劉雲山の息子の劉楽飛と懇意にしていることは、かなり知られた話であり、今回の株価乱高下の「内鬼（獅子身中の虫）」探しに関係があるとみられています。

上海株の暴落が江沢民ファミリーによる習近平政権へ攻撃なのか、投資家の論理として利益確定に売り急いだだけなのか判別できる根拠は、いまのところ私にはありません。もしかしたら、中国の上場企業の大株主たちがなんらかの形で金融権貴族と関わっており、情報量が多い彼らは、習近平政権の強引な株高誘導ぶりはいずれ破綻すると読んだのかもしれません。ただし、経済も金融も共産党中央がコントロールすることが前提の中国においては、個々が利益を追う経済活動の結果もすべて政治利用され、権力闘争の材料にされるのも、また事実です。

宮崎　中国にはあるのは政治のみで、経済活動も政治に直につながっている。歴史も経済もない。結局すべてが権力闘争の道具にされる。

福島　中央企業の汚職摘発においても、習近平対江沢民派の権力闘争は激化しています。習近平政権には中央規律検査委員会の別働部隊である中央巡視組を、各省・機関・中央企業などに送り込んで、立ち入り検査を行い汚職摘発を行っています。

一四年にその中央巡視組は、中国電信大手の中国聯通を含む十三中央企業・機関へ立ち入り捜査に入りました。これは明らかに江沢民ファミリーをターゲットにしています。

中国聯通を含む中国電信産業は江沢民の長男、江綿恒の利権の温床となっていました。中国の電信、金融業界にメスを入れれば、必ず江沢民ファミリーにぶち当たるほど、江沢民ファミリーの利権構造が圧倒的に深いのです。

また、同じ年に曾慶紅の利権といわれる公営宝くじにも習近平はメスをいれています。

宮崎　中国にはヤミのカジノしかないから、宝くじという合法的なギャンブルはあちこちにありますね。あれ、日本のパチンコと同じです。

経済政策の対立は理論よりも権力闘争

福島　中国の経済政策が非常に錯乱しているのは多くの識者が指摘するとおりですが、この背景にも権力闘争があります。

国務院と習近平の党中央の経済政策が対立しているからというのが、一般的な解説ですが、じつは国務院の中枢である李克強と、党中央の経済政策担当の劉鶴は、経済政策の考え方において大きな違いはありません。むしろ共通する部分が多いくらいです。

二人の経済路線対立を国内外に知らしめたのは二〇一六年五月九日付『人民日報』一面の権威人士インタビュー記事です。この権威人士が劉鶴その人で、そのインタビュー内容があたかも李克強の経済政策を批判しているようにとれるので、誰もが内部で何事が起きているのかと驚きました。

その理由を体制内学者たちに聞くと次のような意見が多かった。「目下行われている中《ちゅう》南海《なんかい》の南院（党中央の所在地）と北院（国務院事務所の所在地）の戦争は経済政策上の対立にみせかけているだけで、本質は人間関係、政治的要因にすぎない」。つまり権力闘争が底にあるから、お互いのささやかな差異を挙げつらって、叩き合っているだけだと。

経済成長の速度よりも、その中身と効率性を重視する方針への転換を目ざす「ニュー・ノーマル（新常態）」や「小さな政府」志向も共通です。信用膨張の抑制、財政出動の縮小といった基本政策は同じなのに、国務院は信用膨張させているとか、大型出動しているとか批判するのは、李克強叩きが目的だというのです。

宮崎　李克強にしても、習近平の経済ブレーンの中心人物・劉鶴も経済学では飛び抜けて優秀です。李克強の妻の程紅夫人は北京大学で李克強と知り合い、英文学の造詣があり、米国のブラウン大学へ客員教授として招かれたこともあります。李克強自身も英語に堪能です。

福島　李克強は非常に優秀でアメリカに行くか党政につくのかという選択を迫られて、最終的には政治家の道を選びました。劉鶴も英語は堪能で、ハーバード大の公共管理修士を取得しています。

劉鶴で思い出すのは「中国2030」（二〇一二年発表）という世界銀行の報告です。これは世界銀行のトップだったロバート・ゼーリックと中国国務院・開発研究センターの共同で出したものですが、その執筆者の一人がセンター党組織書記だった劉鶴です。このレポートは、中国が二〇三〇年までに高所得国になるという目標を達成するためのシナリオを書いたものですが、そういう関係もあって、ゼーリックと劉鶴というのは大変仲がいい。

宮崎　ゼーリックは米国務副長官時代に米中関係は「責任あるステークホルダー（利害関係者）」といった張本人でしたね。

福島　前述したレポートのシナリオでは、アメリカの援助を受けて中国の民主化が進むというようなものなので、習近平が進める軍事政権化と劉鶴のもともと持っている思想とは方向が真逆だと思います。だから習近平と劉鶴が幼馴染だとはいえとても仲がいいというのは不思議議です。

ただ李克強と劉鶴のいちばん大きな差は、経済における党の指導に対する考え方らしいですね。李克強はあくまで経済の市場化・民営化を重視している一方で、劉鶴はトップダウン式の党の指導を重視している。そのあたりが習近平が劉鶴を気に入っている点だとか。あるいは習近平に気に入られるように、劉鶴がそういう路線に転向したか。

南院北院の経済政策の差が大きく出たのは国有企業改革でしょう。七月四日、習近平は国有企業について党治党営を強調するよう国務院サイドに文書で通知した。同じ日、李克強は国営企業をスリムダウンし、その再編は市場ルールに従う必要性を強調した。

この二つの異なるメッセージを同時に受けた国務院国有資産監督管理委員会ら幹部現場は混乱し途方にくれ、結局は「なにもしない」というサボタージュに流れてしまったそうですよ。

習近平は劉鶴を「彼は私にとって極めて重要だ」と二〇一三年に訪中した米大統領補佐官のトム・ドニロンにも紹介しています。

しかし、国有企業政策に関しては、習近平・劉鶴案ではうまくいかないと私は思います。国有企業改革の方向性はやはり民営化による市場競争淘汰が正解だと思います。それがこれまで世界の経済史が出してきた答えではないでしょうか。国有企業である限り、経済効率や企業利益と消費者利益のバランスというものより、党の人事や権力闘争、政治が優先されてしまうのですから。

宮崎　劉鶴は日本経済のバルブ崩壊過程もよく研究したとされています。ですから高層部は事態の深刻さをよく認識してはいるのです。

習近平独裁で戦争がはじまる

福島　しかしながら、習近平本人に中国経済をどうするのかという確たる方針はないようです。まえにも述べたように、彼が考えているのは、どうしたら共産党を崩壊した旧ソ連のようにしないかというだけで、その帰結が軍権掌握であり、最終的には軍事独裁を目指しているのではないか。しょせん経済は、軍政化したら統制がきく。中国がいちばん恐がっているのが悪性インフレですが、これは統制経済で何とでもなる。そこさえ抑えれば成長率が下がろうが、GDPが低かろうが、たいした問題ではない、と。そういう発想だと説明した人もいます。これは経済発展さえすれば共産党執政の正当性が担保できると考え、経済至上主義でモノを考えていた江沢民政権、胡錦濤政権とはまったく違う。

宮崎　それはかなり時代錯誤というか誇大妄想的な考え方ですね。常識的に考えれば、中国にとって最優先の課題は経済です。いかにして活性化を回復させるか、その政治手腕が問われる。習近平は十三億の民を政治的に縛る正統性を、高い経済成長によって示してきたわけです。

しかし、これまでみてきたように中国経済はもはやゾンビにすぎません。失業問題は解決不能でしょう。しかも習近平自身はそのことをよく理解しているのではないか。とすれば、彼が軍事掌握に動く理由がよくわかります。それは対外的冒険主義の準備だからです。

七人の常務委員による集団指導体制が維持されていれば、経済崩壊の責任を習近平にとらせ、新体制で経済政策に臨むという方針をとることもできますが、第三章でも議論したように、習近平の独裁体制が強まれば、中国が戦争を起こす可能性は非常に高いと見たほうがいい。

いや習近平は、ニューディールが完全に失敗しアメリカ経済がどん底におちたときに、ルーズベルト大統領が戦争をしたくて仕方がなかったように、習近平は経済失敗をすり替えるためにも、猛烈に戦争をしたがっています。

日本はその準備をしなくてはならないでしょう。

第六章

習近平に襲いかかる中国の近未来

孔子にたよるしかない中国人

宮崎　中国が孔子学院を世界中につくったのには、文化プロパガンダとして中国の主張をソフトに広めようという発想が根底的にあったと思いますが、カナダとアメリカで孔子学院の排斥運動が起こっております。米国シカゴ大学、ペンシルベニア大学でアメリカ人教授連中が騒ぎ出し、カナダ最大都市トロントの孔子学院はＰＴＡの凄い反対運動が実って廃校が決まりました。

トロントの場合はＰＴＡが立ち上がり、アメリカの場合は教授たちが教授会の議題にして、教えているものが非科学的だと反対した。

福島　孔子学院自体は、もともとは語学教育機関として海外に広げようとしたものです。それは、天安門事件や文革で海外にたくさん逃げた華人たちが、現地で中国語を教えるときに、同時に反共産党的な思想をも伝えることが多かったという背景があります。移民した人たちは生活をするために、中国語を教えていることが多かった。そのため、共産党のことを正当に評価できる語学教師を世界中に派遣するというのが目的でつくり始めたのですが、まさかここまで影響力があるとは、中国当局も予想だにしてなかったと聞いています。

宮崎　中国ブームが突如起きて、世界中で中国語を学ぶ人間たちが急に増えましたからね。

日本でも一時期、中国語学習熱が高かった。

福島　これはあまり大きな声ではいえませんが、孔子学院をつぶしているのは法輪功《ほうりんこう》の影響もあります。意外に華人たちのなかには法輪功の信者が多い。日本人からすると法輪功は何か胡散臭いイメージがしますが、ヨーロッパやアメリカや台湾ではポジティブに受け入れていて、邪教扱いされ迫害を受けている法輪功に同情する人たちが結構います。だから法輪功は華人ネットワークのなかでは広まっている。法輪功はいまや世界最大の反共産党組織ですから在外華人の反共意識への影響力は強いです。

宮崎　七月にモルドバへ行ったとき、首都キシナウのデパートで法輪功の絵画展をやっていたのを見かけたことがあります。ウクライナの港町オデッサでは街角でビラをまいていました。

福島　外国生まれの華人の子供たちは、自分の両親の故郷の言葉である広東《カントン》語とか福建《ふっけん》語、あるいは学校で習う英語、フランス語は話せても、中国で使われている普通話《プートンホワ》は使えない。これはよくないということで、親が子供に中国語を習わせるというのが、ものすごく華人社会では多い。

ところが、その親たちからすれば孔子学院で共産党礼賛や毛沢東《もうたくとう》英雄伝のようなものは教えてほしくない。そこで反感が広まりました。

そういう背景があるので、ヨーロッパでは孔子学院廃止運動が盛んにでてきています。中国当局からすれば、それは法輪功の陰謀だということになるわけです。

宮崎　孔子学院の問題でもう一つ絡むのは、孔子さまというのは世界に誇る思想家であるという自負心が中国人にあると思いますが、じっさい孔子の教えをいちばん守っていないのも彼らです（笑）。そもそも孔子全集がちゃんと翻訳されて出版されているのは日本くらい。正統の孔子の末裔は台湾にいます。中国各地の孔子廟は受験生が御守りを買いにくるだけの場所。そうした事実に関する自己反省とか自己省察とか、そういうことはないんですかね？

福島　いまに始まったことではありませんが、中国が文化的に使える道具は孔子ぐらいしかない。共産主義はそういう役割を何ら果たさなくなった。団結力とか、中国人を強化する思想として何の役にも立たなくなったときに、孔子に頼った。

蔣介石も孔子を利用したし、習近平もそうです。困ったときの孔子さまなんですよね。

宮崎　それで思い出したのですが、『史記』にあるように孔子は道徳のすたれたシナに絶望し、可能なら日本へ行きたいといっていたらしい（笑）。

この説は黄文雄さんがいっています。

なぜ宗教がブームなのか

福島　それから、いま密かにブームになっているのが、チベット仏教です。それだけ精神のより所というのが中国にはない。ほかにはキリスト教も、非公式ですけれど広まっている。

宮崎　江沢民《こうたくみん》自身が五台山《ごだいさん》に二回登っています。山西省《さんせい》の霊験あらたかなる霊峰です。私も一度、まん中の中台へ登ったことがありますよ。ただしジープで。

福島　五台山は、漢伝仏教とチベット仏教の唯一の共通の聖地です。江沢民に関しても、あの人はものすごく宗教マニアで奥さんは法輪功も学習していて、かなり入れ込んでいるという話もあった。江沢民は法輪功の迫害に踏み切ったのは自分の家族まで感化されているから、というふうにいわれています。その江沢民自身も五台山の有名な道士の占いにそうとう入れ込んでいたようです。

あと、もう一ついうと、中南海《ちゅうなんかい》を牛耳っているのは道士だという話もあるんですよね。本当の政治中枢は中南海じゃなくて白雲観《はくうんかん》という話は何度か聞いたことがあります。有名なすごい道士がいるようです。

党中央の指導者たちというのは政策や意見が割れたり迷うと道士に占ってもらうようです。嘘か本当かはなかなか裏が取れませんが、さもありなんです。江沢民がそのいい例です。

宮崎　結局問題は共産主義の理想が崩壊して思想的支柱を失ったことにあります。

福島　それから、隠れキリシタン、プロテスタント系の非認可の家庭教会が結構ありますが、信者は一億を超えていて共産党員よりも多いといわれています。意外に党の幹部も入っていて、富豪や実業家も多いので資金が潤沢です。とくに浙江省《せっこう》とか広東のような豊かなところはキリスト教のお堂をたくさん建てるわけです。当局につぶされても資金力が豊富だからすぐにまた建てなおす。その繰り返しです。

宮崎　広州《こうしゅう》にはキリスト教の古い教会が建っていますが、門が鎖で閉じられていてなかに入れない。何のための教会だと思います。

福島　共産党の指導を受けているキリスト教の教会ですね。

キリスト教は驚くほど浸透しています。しかも共産党の指導を受けているキリスト教会もたくさんありますが、教会の人たちが共産党の指導に堂々と反駁したりしています。だから宗教というのはかなり恐いもので、いま習近平政権でもキリストの宗教弾圧が進んでいます。

激化するイスラム問題

宮崎　そういう意味で中国でイスラムはいま、どうなっているのですか?

福島　イスラム弾圧もすごいです。ウイグル問題は、民族問題として処理されていますが、本質は宗教問題だと私は思います。宗教弾圧が酷い。

たとえば十八才未満の信仰を禁止する。包丁、ナイフを持ってはいけない「刀狩り」令。ヒゲを伸ばせない、ベールも被れない。ラマダンのときに無理やりイスラム教徒の幹部や信仰者たちを集めて宴会を開き、飲酒を禁じているイスラム教徒に無理矢理お酒を飲ませる。それで共産党への忠誠を試すのです。逆にそういう弾圧が加速することでＩＳに流れてしまうウイグル人も実際にいます。

宮崎　銭其琛《せんきしん》の回顧録によればウイグルからアフガンのアルカイーダに流れたのは千人だとはじめて数字をあげましたが、どうでしょうかね。いまＩＳに走ったウイグル人の兵士はせいぜい三百人くらいではないのか。

福島　ウイグル協会自体はＩＳを否定していますが、迫害にともなって原理主義的な若者がふえているとも聞きます。

それから、イスラム教徒の学生のバスの乗車拒否をしたり、大学でラマダン中のイスラム教徒の学生が学食で食事を拒否したら学位を剝奪したり、追放する嫌がらせもしている。嫌がる学生が食べ物をこっそり鞄に入れて持ち帰るのを荷物チェックを突然やって、無理やり食べさせたり。学内でお祈りさせないように監視カメラを設置したり。

宮崎　そういう見えすぎた弾圧というのは逆効果なのに、中国共産党は硬直しているから何もわかっていませんね。

福島　王朝の末期には神秘宗教が流行って、それが庶民の暴動を誘発した歴史が中国には多いので、習近平も宗教は相当恐れているのでしょう。宗教というのは何か精神の恐れをなくさせる作用があるから、恐怖政治で人心を支配している習近平政権からすると困る。

宮崎　太平天国《たいへいてんごく》も義和団《ぎわだん》も一種宗教です。

自爆テロを行うような狂信というのは、自分で自分が何をしているか全然わからない状態でしょう。そうとう麻薬を飲んで陶酔状態になっていたりする。テロリスト教団として有名なトルコの「アサッシン教団」も麻薬をすってから暗殺にでかけた。

福島　あれだけ大弾圧したにもかかわらず法輪功は世界中に勢力をのばしていますから。

宮崎　法輪功はすごい、キャンベラの中国大使館の真ん前に大きなテント張って、抗議していました。日本では麻布の中国大使館前は警備がうるさいので、国会議事堂裏の道路で法輪功がやっています。台湾も故宮《こきゅう》博物院の中庭で、ともかく世界中でやっている。

拡がる「民主化」運動

宮崎　孔子さまや新興宗教のことに触れてきたので、もう一つ、中国の学生、知識人の間に宗教のように拡がった「民主化」について触れておきましょう。

民主活動家と称せられる人たちはノーベル平和賞に擬せられた魏京生《ぎきょうせい》が米国に亡命しており、また柴玲など天安門事件に指導者だった多くが米国に、あるいはウアルカイシ、王《おう》丹《たん》などは台湾に活動の場を得た。

古参の「中国民主党」の主席だった王炳章博士は、ベトナムから広西《こうせい》チワン自治区へ潜入したところで、囮捜査にひっかかり逮捕され、無期懲役となって広東省か福建省の刑務所に入れられたままです。釈放運動が米国でおきていても、オバマ政権は彼の釈放を中国に要求していません。情けない話です。

日米で話題になるのは「民主活動家」とか「友好活動家」という仮面を被ってのスパイですね。

アメリカ各地では中国人スパイによる軍事技術泥棒事件が頻発していますが、つい先月もフロリダで中国人女性が四年の禁固刑となりました。F35、F22、そしてドローンのエンジンならびに技術資料を香港経由で中国に輸出しようとした中国人女性スパイは、千五百万ドル相当の価格をインヴォイスに明記していたため、金額の奇妙な値段に当局が着目して捜査を開始し、六月九日に起訴していたケースです。彼女は夫と電子部品輸出などの貿易を表看板として、内実は中国人民解放軍の技術スパイに励み、高度技術を「貿易」を装って中国へ輸出していたのですが、アメリカの「武器輸出管理法」の網をくぐり抜けるために第三国経由としていました。輸出相手先の「商社」は中国軍のダミー企業であることが判明しています（『サウスチャイナ・モーニング・ポスト』二〇一六年八月二十一日）。

七月にもカリフォルニア地裁は、同様な技術盗取容疑で中国人の男を起訴した。この男は中国に千五百億元相当の技術を売りつけようとしていた。

ことほど左様にアメリカでも、軍事技術スパイの暗躍が見られ、表に出る事件はごく少数。創造が無理なら盗み出せというのは伝統的な中国の手法であり、「今回の事件も驚くには値しない」と専門家が指摘しています。

ところで日本ではスパイ防止法がないため、ハイテクが盗まれても起訴できない。おかしな法律状況ですが、反対に中国で日本人スパイが何人も捕まっていて、公安調査庁からアルバイト料を貰って写真を撮ったとかの微罪ですが、中国では重罪になる。

もっと驚いたのは日中友好屋の某が、じつは二重スパイだとして中国に拘束されましたね。

かれも公安調査庁のアルバイトで、中国の当局から情報を引き出すなど、明らかな証拠があり、拘束されたわけです。

衝撃的だった民主活動家ハリー・ウーのスキャンダル

宮崎　民主活動家の話に戻りますが、最近、私がやや衝撃を受けたのはハリー・ウーのスキャンダルでした。

中国の人権無視の「労働改造所」の告発で一時はノーベル賞にも擬せられた「人権活動家」のハリー・ウー（中国名＝呉弘達）の正体を「中国ではなく」、アメリカのメディアが報じたのです。

ハリー・ウーこと呉弘達が死亡したのは今年の四月二十六日、休暇先のホンジュラスでした。人権活動家が、なぜホンジュラスに居たのか？　も疑問ですが、訃報に接し、ナンシー・ペロシ（民主党下院院内総務）は「かけがえのない人物だった。民主と人権の闘士として生涯を捧げた。世界にとって大きな損失である」と最大級の弔意を表明したのでした。

ところが、死後、つぎつぎと暴かれたハリー・ウーの「実像」は、人権活動家としての彼の「虚像」とはかけ離れていました。晩年、彼は「中国で労働改造所でなくなった遺族への生活援助」などを名目にファンドを設立した。ワシントンに旗揚げした「労働改造研究財団」は、小さな写真パネルの記念館も併設したが、集まった資金のうち、遺族等の見舞金に使われたのは三百万ドル足らずで、残りの千七百万ドルはハリー・ウーの私的な活動に使われた（『アジア・タイムズ』八月二十二日）。

「かれはモラルが破壊していた」「公金横領の疑いが濃厚」「私的な女性とのことにカネが流れていた」などと批判が相次ぎ、米国の中国系メディアではなく、『フォーリン・ポリシィ』（四月二十五日号）や『ニューヨーク・タイムズ』（八月十四日）が報道した。かつて客員研究員として籍を置いたフーバー研究所は「研究がいい加減であり、内容は杜撰、フーバー研究所とは無縁の人と思っていただきたい」と絶縁に近い声明をフーバーの幹部が明らかにした。それほどに多くの支援者を失望させるに至ったのですね。

とりわけ労働改造所の数、労働者の数がほかの研究者等との研究結果と大きな齟齬《そご》があった。実際の呉弘達は銀行家の息子として生まれ反右派闘争では労働改造所送りとはなっていない。だから「彼の自伝は誇張が大きい」とされてきました。一九八五年に米国へ渡り、妹の住むサンフランシスコでＵＣＢ（カリフォルニア大学バークレー校）に通いながら昼はドーナツ屋に職を得た。

体験談を近所で講演するようになり、その評判を聞いたフーバー研究所のラモン・マイヤーズの耳に入ったのです。このころハリーは米国永住権を獲得しています。そしてマイヤーズの引き立てで、フーバー研究所客員研究員となるわけですが、一九九一年にはワシントンＤＣへ進出し、財団を設立した。同時にボーイング社やＫマート本社にピケを張り、

「販売している中国製品には労働改造所で作られた製品が多いのは問題だ」と煽動した。左派や人権グループが応援に駆けつけ、新聞ダネになったものでした。一九九五年に新疆ウイグル自治区へカザフスタンから潜入を試みて逮捕され、ときのクリントン政権が「人権」を楯に中国政府に釈放を要求し、ハリー・ウーは米国へ凱旋し、一躍、有名人となっていたのでしたが。

スパイ容疑の大半は中国共産党のネガティブ宣伝裏工作

福島　民主化、あるいは共産主義といった政治イデオロギーと宗教を同列に扱えないとは思うのですが、民主化活動とキリスト教など宗教活動が連動して、反共勢力を形成しつつあることは確かです。民主化もキリスト教も欧米人のシンパシーを得やすいですから、リンクしやすいんですね。中国系民主化活動組織の内部の問題、腐敗や権力闘争などは、天安門事件の学生リーダーたちの米国からの資金をめぐる対立などの例をひくまでもなく、決して新しい話ではありません。ウイグル系の組織などでも権力闘争的な内ゲバの話を聞きます。また外国に亡命した華人活動家の立場でいえば、彼らは生活苦もあり、将来に不安も焦りもあり、けっこう金に弱い。華人というだけで中国情報に精通していることを期待されるのですが実際、情報入手ルートは絶たれ、中国に赴いてフィールドワークするわけにもいかないのですから研究成果など期待するほうが無理な話です。そういうところが、中国当局に付け込まれるスキを与えることもある。私はこうした反共的組織のスパイ容疑や腐敗の噂は、半分くらいは中国共産党のネガティブ宣伝裏工作も働いている気がするので、あまりうのみにしないようにしています。

二〇一五年あたりから捕まっている日本のスパイ容疑者についても、本当にスパイといってよいか疑問です。公安調査庁内部の協力者リストが中国側に漏れており、それをもとに拘束されているということですが、公安調査庁の協力者リストに載っていたとして、それがどれほどのものか、ということですね。はっきり言って日本の北京特派員経験者全員、そのリストに載っているんじゃないですか？　新聞記者たちは慎重なので、金銭のやりとりはまずないと思いますが、公安調査庁どころかＣＩＡやＦＢＩやＫＧＢや中国国家安全部とみられる人たちと普通にご飯を食べながら「情報交換」という雑談をしますよ。むこうから誘われる場合は、こちらがごちそうになる場合が多いですしね。

じゃあ新聞記者たちはスパイですか？　情報を持っている者同士が相手から情報を引きだそうと接触するのは当たり前のことであるし、彼らのリストに優秀な情報周辺者の名前が含まれているのは、ある意味当然のことなのです。問題は、そのリストが中国側に流れたということであり、そうなると公安調査庁内部に「鬼」がいるということですから、彼らをスパイ扱いするよりも、日本の情報管理に危機感をもつべきでしょう。

ちなみに二〇一六年七月に中国当局からスパイ容疑で拘束された日中友好人士ですが、財布を持たずに飲み会にくるとか、セクハラで中国から強制一時退去処分されるとか、私が北京に駐在していたころから、素行の悪さは日本人からも中国人からもよく聞く人物です。しかし、中国の安全をおびやかすようなコアな情報を持つような人物ではないという印象です。公安調査庁側から数万円の謝礼をもらったという噂も聞いたことがあるのですが、たとえもらっていたとしても、数万円の謝礼って、新聞の取材協力費レベルじゃないですか。中国の安全を脅かすレベルとは到底思えない。日ごろから共青団人脈をひけらかすような見栄っ張りなところがありましたが、本当に情報を探る仕事の人たちは、自分の人脈を他人にもらしません。彼ら日本人スパイ容疑者の拘束が最近あいついでいるのは、むしろ中国国内の権力闘争的な要因か、あるいは日本との外交交渉材料に使う目的のこじつけ逮捕であると思っています。

いずれにしろ、スパイの被害にあっているのはむしろ日本のほうなのですから、公安調査庁内部の内通者を取り締まることから始まり、なんらかの防諜対策を整備していくことは必要だと思います。スパイ拘束というのは外交上の切り札でもある、ということを念頭にもおいてほしい。

お粗末な災害対策

宮崎　中国の沿岸部や南部で集中豪雨による被害が拡大していました。史上三番目の規模で、工場や農地が水没するなど経済的な損失が五百億元（約七千五百億円）。七月三日の当局の発表によると約三千三百万人が被災し百八十六人が死亡、五万六千軒の家屋が倒壊したとのことです（七月十四日付『日経新聞』）。東日本大震災でさえ被災者が二十三万人くらいですから桁違いで、史上三番目の被害だといいます。

福島　史上三番目というのが意外です。中国では一九三一年の大洪水というのが、二十世紀最悪の自然災害でした。十数万から数百万の死者が出たといわれています。

中国では洪水が多いですね。

宮崎　一つは防災対策を本気で講じてない。堤防は手抜き工事、低い堤防も平気で造る。砂防もしていない。これでは防ぎようがありません。

砂漠緑地化は日本がいちばん協力した分野ですが、植えたのが少しでも育つとすぐみんな盗んじゃうから（笑）。

福島　きっと洪水も権力闘争の道具にされるでしょう。今回の洪水干ばつ対策指揮部の総指揮を務めるのは汪洋《おうよう》ですが、これがうまくいかないと共青団の失策として責任をとらされるかもしれません。

汪洋は広東省書記時代に洪水とか大雪とかの災害指揮で手腕を発揮した実績があります。それにしても、長江の洪水は恐ろしいですね。いちばん恐いのは三峡《さんきょう》ダムの決壊です。

宮崎　三峡ダムは長江の下流域で「八十万人避難計画」というのが密かにつくられた、その計画は進んでいるという説もあります。上海の空港の書店に寄ったら『上海沈没』(上下二巻）というのが売っていましたよ。

福島　共産党批判になるから大きな声でいえないだけで、体制内的には三峡ダムというのは完全に失敗だという結論は出ているようです。

宮崎　そう、あれは水力発電の利権をもった李鵬《りほう》が軍の反対を押し切って強行に進めたプロジェクトでした。

本当に悲惨なのは原発事故という人災

宮崎　自然災害以外にも、人災として近未来に予測されるのは、原発事故でしょう。原発事故を起こすと、必ず偏西風に乗って日本に被害がおよびますからね。

現在、中国の原発は十八基が稼働しているとされ、それを二〇二〇年代には三十五基体制になすと中国は豪語していますが、問題は人材不足です。

「次の十年間に（増設される原子炉の数を勘案して）三万人から四万人のエンジニアとオペレーターが必要だ」と清華《せいか》大学の原子物理学専門家は指摘している（『サウスチャイナ・モーニング・ポスト』二〇一六年八月六日）。

現場からはエンジニアが不足だというのに、賃金が安いため、次々と職場を去る現象が起きています。応用の利くIT産業からのスカウトで、さっさと高給な職場へ移動するようです。原発オペレーターの平均月給は十二万円から十五万（IT産業へ行けば二十万円が最低ライン）。

そうなると問題は近未来に予想される原発事故です。管理体制の不備、エンジニア不足、そしてお粗末きわまりない技術だから、事故は必ず起きると考えたほうがいいでしょう。だから英国は昨秋の習近平訪英の目玉だった原発プロジェクトを見直すことになった。とすれば、尖閣《せんかく》戦争勃発や南シナ海戦争と同様に、この中国の原発事故への対応が喫緊にもとめられます。

福島　広東省の陽江《ようこう》原発で二〇一五年三月に冷却システムが約六分間停止していたという事故が一年以上隠蔽されていました。これは作業員四人の手順ミスが原因でした。作業員はこのミスを記録せず、また上層部に届け出もせず、二〇一六年七月になってようやく発覚し、作業員の処分によって事態があかるみになりました。放射能漏れはなかったということですがこうした隠蔽体質、そして作業員の教育不足やモラルは中国の原発における最大のリスクになるといわれています。さらにいえば、自国だけでなく中国は原発輸出を国家プロジェクトに据えています。目標数値を設定されている。たとえシステムに安全性の問題があるとわかったところで、それを止められない。

私自身、日本にそんなに原発はなくてもいいかな、と思っているのですが、中国が原発大国になって世界中に原発をつくることは阻止しなくてはなりません。それを阻止できるのは日本の原発技術しかないと思っています。恐らくすでに日本の技術者にアプローチしているでしょう。日本でつくれないなら中国でといってスカウトする。

宮崎　世界最高の原発技術を誇る日本では反原発ムードというのがすっかり浸透してしまった。ドイツより凄い。

福島　原発というのは単純に電気の問題だけじゃなくて、安全保障や国家戦略と密接に関わっている分野です。安易に原発技術は悪だといって放棄できない難しさがあります。中国は南シナ海でもフロート式の原発をつくるといっているんですが、堪ったものではありません。

宮崎　これは作家の門田隆将さんから直接聞いたことですが、過日、彼が上海に講演によばれたときに、原発の話題がでたそうです。

門田さんは福島原発で大活躍した吉田所長のことを感動的なドキュメント作品にしたノンフィクション作家ですが、日中は政治的対立をしているが、こと原発事故対策に関しては、日本も中国も原発技術者、物理学者を総動員して共同作業を始めるべきだと主張したところ、こればかりは中国側が大いに興味を示したそうです。このポイントは非常に重要でしょう。

大風呂敷とサラミ戦略

宮崎　ここで、本書のまとめとして中国の近未来についての予測を話したいと思います。中国の世界戦略はものすごく大風呂敷的な部分と、地道にコツコツと実現している部分と、多岐にわたっている。南シナ海に至っては昔から「サラミ戦略」といわれたように、気がついたら七つの基地ができていた。要するにサラミ戦略は大成功したといっていい。

二〇〇七年に呉勝利《ごしょうり》が米国太平洋司令官のキーティングに太平洋を西と東に分けようと冗談っぽく提案した。まさしくそれを実現した。

軍事的には、いまや世界覇権を狙うパワーはないけれど、アジアという地域覇権の確立というのが中国の戦略であったとすれば、これはかなりの程度に実現されてきている。そうすると、次の世界戦略の一環として出てきたのがシルクロード構想でしょう。これは陸と海があり、海のほうはあまりうまくいってないことはまえに述べましたが、やめようという気はまったくない。何というかある意味ど根性とでもいうべきか、こういう長期的なことをコツコツやるというのは、あのずさんな中国人からは一見考えられないことですよ。全体主義は経済では必ず失敗しますが、こと軍事戦略となると一党独裁のほうがなにかと達成しやすい。皮肉なことではありますが。

福島　中国はもともとはそういう戦略をやっていました。鄧小平《とうしょうへい》のいわゆる「韜光養晦《とうこうようかい》」(力を蓄えるまでは爪を隠す)です。ところが、その戦略を習近平は捨てて、自ら孤立化を招いている。本当はもっと巧妙に慎重にやるべきだったのを習近平は何を急いでるのかわかりませんが、すべて自分の時代に成果を奪いたいというような、あからさまな野望を見せ始めています。サラミ戦略どころか厚切りハムのようにここ数年、南シナ海は進めているのですが、これが成功するかどうか意見は真っ二つにわれています。

宮崎　いや、現段階では、もう成功しつつある。というのは、たとえばシリアが原子炉をつくりかけたら、イスラエルとアメリカが組んで空爆で破壊したように、あるいはイランの核開発もハッカーを送って核開発のコンピュータシステムを麻痺させたり、本来アメリカは物理的なことをやってきていた。そのアメリカがなぜ南シナ海で、物理的な破壊工作をしないのか。米軍がミサイルを発射し爆撃機を飛ばせば、七つのサンゴ礁を埋め立てした軍事施設など半日で壊滅できたでしょうに。そういう意味では中国が強引にやったことは成功している。ただ外交的にいうと、これによって世界的反発を招いて中国の孤立化を招いたばかりか、米中関係が完全におかしくなった。

福島　二つ予測があって、成功して習近平は中国の中興の祖となるというのと、もう一つは、習近平共産党体制の終わりの始まりだという説です。

つまり、習近平自体を基軸にして、国際的な赤い帝国を実現するか旧ソ連の崩壊の序曲のようになるかの二通りあるのですが、いずれにせよ習近平によって、いまの中国の体質というのは大きく変わるというのが両者の共通意見です。

アフリカ植民地化計画は大混乱

宮崎　ただし中国「海のシルクロード」は南シナ海に伸びた魔手はマラッカ海峡からインド洋へ伸びていますが、前章までにみてきたように、うまくいっていません。

さらにこの海のシルクロードはアフリカの要衝であるジブチへおよんでいます。狙いはアフリカの植民地化であり、資源、鉄鉱石、それから農地。

中国がアフリカに投資してきた金が、三百二十三億五千万ドル（邦貨換算三兆四千億円）。大半はインフラ建設に使われました。さらに毎年二十五億ドルつぎ込んでいます。

さて、それでうまくいっているかというと、ほとんどうまくいってない。

一つには現地感情、現地における反中国運動と、もう一つの問題はテロです。

二〇〇七年、エチオピアの採掘現場で中国人石油技師など九名が殺害された。同様な事件はアンゴラ、ナイジェリアなどで繰り返された。

二〇一一年にはカダフィ殺害による政権転覆で、三万六千名の中国人がリビアから脱出した。

マリではラディソン・ブルーホテルに宿泊していた外国人二十名がボコ・ハラムの襲撃で殺害され、うち一人が中国人で、鉄道企業の社長でした。今年もマリの北部で中国人一人が殺害され、四名が負傷した。

ニジェール・デルタでは中国人を狙った誘拐、身代金要求事件も頻発しており、中国は企業の自警がままならぬため外国のボディガード企業と契約したり、あるいは当該地区に展開している国連軍に保護を要請。同時に中国で訓練し、外国の警備に就く専門企業も誕生しました。

それでも埒《らち》のあかない危険地区、たとえば南スーダンには、重武装の八百名の戦闘部隊の派遣をきめました。

治安維持のための中国軍のアフリカ派遣費用は年間二千万ドルにまで達しています。

くわえて、ベネズエラのデフォルトです。六百五十億ドルにものぼる債務を抱えるベネズエラは、デフォルトが刻一刻と近づいていますが、最大の債権者は中国です。

ベネズエラの石油をあてにして、ニカラグア運河を開通させようと工事を始めたとたん、工事主体の香港の会社の資金繰りができなくなった。次から次と大風呂敷が裏返しになってきている。

世界中で半分が挫折しているとみていいと思います。費用対効果をまったく考えない。これは共産党の方針で、決めたことはやらなければいけないという全体主義の計画経済の失敗ですよ。失敗した現場責任者は帰っても仕方がないから、残った金を持ってトンずらする。そういう事件も増えています。

海外純資産三兆ドルなどと豪語してきた中国ですが、その中味は「不良債権」の山でしょう。

福島　中国のアフリカ戦略については、評価の分かれるところですが、確実にいえることは、現地の国民の対中感情はかなり悪い。援助額は大きいのですが、たいへん乱暴な手法でダム建設のために村を強制排除したり、周囲の環境アセスメントを無視したり、といった中国式のやり方を普通に導入しているわけです。エチオピアのオモ川上流で中国の援助でダム建設が進んでいますが、このダムがケニアの世界遺産にも指定されているトゥルカナ湖の環境破壊につながると数年前から大問題になっています。しかもダム建設によって、オモ川流域の原住民たちがその文化や伝統をまもって暮らしている部落が消失の危機にさらされている。環境問題としても人権問題としても文化問題としても大きな物議をかもしているわけです。しかしながら、アフリカ諸国の政府官僚もかなり汚職や利権に毒されていますから、チャイナマネーほしさに、環境や人権や文化遺産を平気で犠牲にしてしまう。

また中国のインフラ建設援助は建設作業員も国内からつれてくるので、実は現地の雇用や経済効果にあまりプラスにはならない。しかもアフリカの建設現場につれてこられる中国人作業員というのは大変質が悪い。安い労働力として囚人をつれてくるケースもあると聞きます。なので、非常に治安が悪化し、現地の村と作業の中国人のトラブルが深刻化しているという報告もあります。

中国の対アフリカ投資政策は、国連のアフリカ票獲得につながっているという点では戦略どおりの効果もあります。費用対効果とか、現地に貢献しているかという視点からだと失敗としても、中国の戦略目標にはかなっているということもいえます。ですから、ここで日本が対アフリカ投資を本格化して、本当に質のよい現地からも評価される援助ができれば、中国の戦略目標をうまく阻む可能性もあるわけです。TICAD6（アフリカ開発会議）で、安倍晋三が基調演説で日本とアフリカの関係強化を強く訴えましたが、これは中国の赤い帝国の野望を実現させないために、日本がおく重要な布石となるでしょう。

クーデター、大分裂、何が起きても哀れな未来

宮崎　習近平の戦略は失敗続きです。とくに海外においてうまくいっていない。内地でうまくいってないから海外に展開しようと思ったら、海外もうまくいってないとなると、次にどうなるか。

福島　赤い帝国ができるという人もいますが、七つに分裂する可能性も当然あります。

宮崎　暴動が発展して政権が転覆までいくのか。しかしその可能性が読めないのですよ。反体制運動に卓絶した指導者がいない、反政府運動は武器を持っていない、組織がない。この三つの要素だけでも致命的に政権転覆ということはできないが、一方社会的擾乱に便乗した軍が何かをやらかすという可能性はいちばん高い。

福島　たとえクーデターか暗殺が成功したとしても、問題は習近平がいなくなったときに、すぐに政府をまとめ、暴れる大衆を説得できるような人物がいるかが問題です。

宮崎　どちらにしても、暗殺並びに軍事クーデターによる政権転覆は、もし成功したら恐らくいまよりももっと悪い政権ができると思います。

福島　私もそう思います。

宮崎　それもまた、始末におえない。だからといって民主化は絶望的。

福島　だからいちばん理想的なのは、習近平の自主的な円満交代です。

宮崎　しかし、スターリンが突然ゴルバチョフになるような、ある意味で二重人格的な能力は習近平にはないと思いますね。

福島　内政の混乱に乗じてウイグル、モンゴル、チベットあたりの独立運動に火がつく可能性もあります。

宮崎　中国も意外と簡単に手放す可能性はある。いまですら手に負えなくなっているわけでしょう。

〝反中〟台湾指導者を歓迎する世界

宮崎　それから中国のいちばんの問題は両岸関係です。
　台湾と中国はいまのところ没交渉でしょう。

福島　没交渉です。香港誌『争鳴《そうめい》』によれば、習近平は五月二十日行われた蔡英文《さいえいぶん》就任式の演説を聞いたあとに激怒したと伝えられています。

宮崎　習近平は福建省長時代から台湾商人と取引があって、台湾に対して非常に理解があるという前宣伝は？

福島　嘘ですね。憧れはあるけれど人脈があるとはとても思えません。蔡英文の就任演説自体は、中国にも配慮しつつ、よくいえばバランス感覚のとれた、悪くいえば玉虫色の内容です。

演説のほとんどは内政問題の解決にむけた約束で、世界が注目の中国との関係については、次のように言いました。

「私は中華民国憲法に基づいて総統に当選したのであり、中華民国の主権と領土を守る責任があります。東シナ海、南シナ海での問題に対し、我々は争いの棚上げと資源の共同開発を主張します。

台湾海峡両岸の対話と意思疎通では、既存のメカニズムの維持に努めます。一九九二年に両岸の交渉窓口機関が、相互理解、並びに〝求同存異〟（合意点を求め違いは棚上げする）という政治的な考え方を堅持して話し合い、若干の共通の認識と理解に達しました。

私はこの歴史的事実を尊重します。一九九二年以降二十年あまりの交流と協議の積み重ねで形成された現状と成果を、両岸は共に大切にして守っていかねばなりません。そして今後も、この既存の事実と政治的基礎の下で、両岸関係の平和で安定した発展を引き続き推進していくべきなのです。新政権は、中華民国憲法、両岸人民関係条例、並びに関連の法律に基づいて両岸業務を進めていきます」

「九二年コンセンサス」（一九九二年に両岸の交渉窓口機関が非公式に合意したコンセンサス。中国は一つであり、その〝一つの中国〟の解釈権は双方にある）という言葉を出さず、「一つの中国」という言葉も出さなかった点は、民進党の立場をぎりぎり守ったものの、一九九二年に政治的考え方を話し合われた会談自体は歴史的事実ととらえました。そして中華民国憲法、両岸人民関係条例に基づいて中台関係を推進していくとしました。

中華民国憲法（いわゆる「一中憲法」）には「中華民国の領土はその固有の疆域による」という一文があり、チベットやモンゴルを含むいまの中国の領土以上を示す三十六年憲法草案第四条を踏襲していることになります。つまり、この憲法の延長にある両岸人民関係条例（台湾地区および大陸地区人民関係条例）を基礎にするということは、李登輝《りとうき》の「二国論」「一辺一国」（台湾と中国は特殊な国と国の関係）は放棄したというふうに受け取られかねない。「一中」を否定せず「二国論」を放棄したという意味では、かなり中国に妥協した内容といえます。

それを習近平は一顧だに評価せず、二十日の夜にはすぐさま政治局常務委員会議を招集して、演説内容に対する常務委員たちの意見を聴取しました。二十一日午前には政治局会議を招集して、対策を協議しました。

そのときに党内序列四位の兪正声《ゆせいせい》は台湾情勢の変化について以下のように説明したとい

います。

「台湾における独立意識は不幸なことに上昇しており、米国はこれを機に長期的な政治上、軍事上の両岸分断戦略を企んでいる。こうした局面に中国を対峙させることで、中国の国力を消耗させ台湾の中国離脱の目的を遂げさせようとしている」

宮崎　かなり物騒な分析ですね。

福島　これを聞いた習近平はこういったようです。

「一九七九年に全人代常務委員会名義で発表した『台湾同胞に告げる書』（祖国平和統一方針を公式に打ち出した広告）以来三十七年。まさかこれ以上、両岸の分裂局面を続ける気か？目標もなく現状のまま続ける気か？　我々は絶対に、上の世代の期待にも全国各民族の期待にも背くわけにはいかない。共産党人として中華民族の大業を担う使命に背くわけにはいかない。台湾当局と国際反華反共勢力は、台湾問題の解決のために我々がさらに三十年も待つようなことは絶対ないということを思い知らねばならない」

そして、台湾が次のような行動にでた場合に、国際慣例において、島嶼の帰属を認定し、中華民族の大業を成すために、年限を切って和平協議か軍事武力か、二者選択を台湾当局に迫るという方針を打ち立てました。①台湾当局が一つの中国原則というボトムラインを拒否し、台湾独立、一中一台の政治、法理、文化のムードを維持し続けた場合、②台湾当局が国際政治勢力に参加したり、中国包囲網などに参与したりして、挑発してきた場合、③国際政治勢力が政治上、軍事上に介入して台湾を操ろうとした場合、④台湾当局がコントロールを失って社会が不安定化し、大動乱、機能麻痺に陥った場合。以上のような場合に中国としては、和平協議か軍事武力か、二者選択を台湾当局に迫る。③の場合の国際政治勢力というのは日米同盟のことです。

日米同盟が台湾の情勢に介入して中台離反だのを図った場合は軍事力に頼ると習近平が発言したといいます。

宮崎　習近平発言は強硬というか、取り方によっては非常に危ない発言です。

福島　中国の態度が硬化していることは、台湾側も知っているので、蔡英文としても非常に慎重な態度を取っています。

宮崎　もう一つアメリカがまた台湾擁護に関しては、これまでと違って、リップサービスの域を超えてかなり積極的になってきているでしょう。ジョン・マケイン上院議員が台湾を公式訪問し、蔡英文と面談して「アメリカは断固、台湾を守る」といっています。

また、ケリー国務長官は「一つの中国の原則を堅持する」と中国の王毅《おうき》外相との電話会談で話したといいます。

福島　興味深いのは就任式前日の五月十九日の『ワシントン・ポスト』で「米国は〝一つ

の中国〟のフィクションを放棄して、台湾との関係を正常化するときだ」というタイトルのゲイリー・シュミット（共和党系シンクタンクのアメリカン・エンタープライズ研究所専任研究員兼マリリン・ウェア安全保障研究センター共同ディレクター）の論文が寄稿されたことです。

私は今回中国がこのように警戒心をむき出したのは、蔡英文の就任演説そのものより、おそらく国際社会の台湾に対する反応の変化にあると思います。

米中対立をあおる金正恩と韓国

宮崎　かたや朝鮮半島も複雑です。韓国は一六年末に米国の最新鋭地上配備型迎撃システム「高高度防衛ミサイル（THAAD）」を配備することを決定しました。これには中国が猛反発しており、中韓の蜜月関係は終わったとみていいでしょう。そして金正恩《キムジョンウン》の北朝鮮は「水爆」にミサイル実験と今年になってから頻繁に行い、米中対立に油を注いでいます。

北朝鮮の指導者・金正恩は日本のマスコミがいうようなバカでも狂信者でもない。なぜなら金正恩は、宿命とされた熾烈な派閥闘争に打ち勝ち、父親の金正日《キムジョンイル》でさえなしえなかった党大会を三十六年ぶりに開催にこぎ着けました。北朝鮮は死にものぐるいで核兵器を開発し、それを搭載するミサイルの発射実験も繰り返し行い、成功させています。とくに中距離弾道ミサイル「ムスダン」の標的は日本とグアムの米軍基地で日本の安全保障にと

THAADミサイルの射程には
主要米軍基地を多く含む

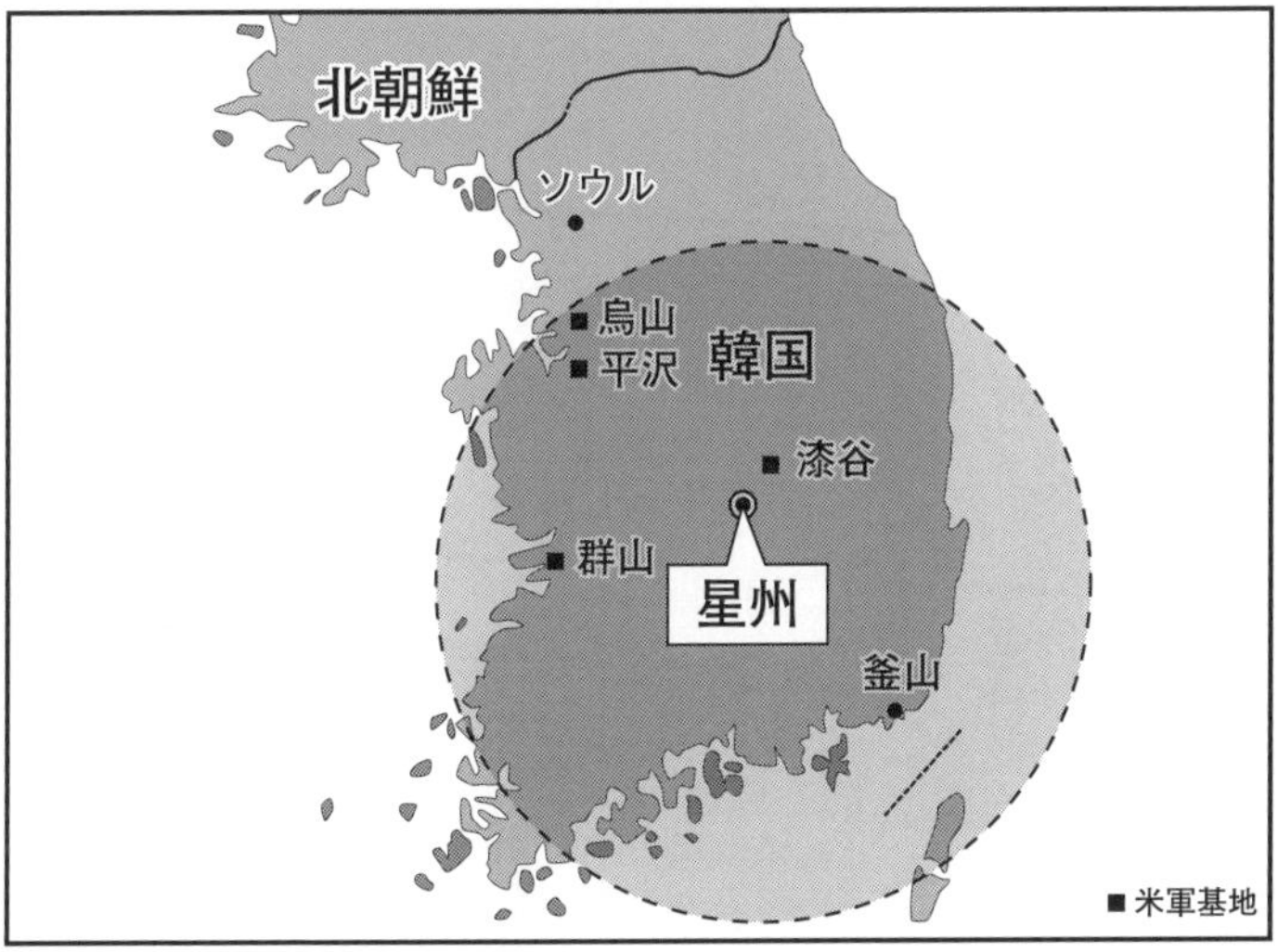

って脅威です。
　これこそが金正恩が世界を愚弄し、生き残りを賭けた決死の戦術なのに、日本の対北朝鮮観といえば貧しい国、おかしな指導者がいて、人民は飢えているが、核開発に血眼になっているとみる。そして日本人の感覚では拉致問題が、核問題のまえにあるため、北朝鮮の戦略を誤解します。
　金正恩の秘密戦略の重要性を日本人はもっと知るべきです。
　フルシチョフのスターリン批判は極秘のなかで進行しました。ところがドイツの諜報機関がいちはやく嗅ぎつけていて同盟国にそれとなく示唆していました。重要な路線転換でした。

一九五〇年代の「中ソ対立」は長く西側に伏せられていましたが、最初に二つの共産主義国家の友誼関係が破綻していることを西側の諜報機関が見抜いた。キッシンジャーはポーランドで北京の代理人との秘密交渉をはじめ、パキスタンを活用してひそかに北京へ渡り、劇的な米中和解の下交渉をします。ニクソン訪中は、その一年後でした。

そういう意味で金正恩の戦略戦術は、日本の「専門家」らの分析では頼りない上、見当外れが多い。韓国の情報機関は頼りなく、米国は偵察衛星で核兵器実験の事前予測はできるが、平壌の奥で密かに立案されている金正恩の思考、秘密文書はわからない。

機密の一部を中国が把握していると考えられますが、それを中国はアメリカに提供することはない。したがって諜報機関も情報組織もない日本は、国際的諜報戦の蚊帳の外、そもそも隣国が核兵器を開発し、日本に照準をあわせているというのに、鈍感な国民は「安保法制は戦争につながる」などと、北朝鮮や中国が聞いたら小躍りするようなプロパガンダを信仰しているのだから、「〇〇につけるクスリはない」んですね。

菅沼光弘氏は『北朝鮮発！「世界核戦争」の危機』（ビジネス社）のなかで、じつに示唆に富む分析をしていますよ。菅沼氏は三十六年ぶりに開催された党大会の意味を考える。本当に何が決められ、いかなる人脈が失脚し、どういう派閥が権力を固めたのか、また長老が生き残ったものの、じつは中央委員の五四％が若返っている新事態に注目し、金正恩は瞠目に値する指導者ではないのか、という。

キーワードは「勝利者」です。党大会ならびにその前後の報告書、発言にでてくる語彙のなかに、見逃せない言葉を菅沼氏のするどい眼光は見つけだします。

つまり、スターリンが激烈なトロッキスト追い落としの後の党大会で「勝利者の大会」といったように、独裁体制が固まった事実を示唆するキーワードはここにあり、第七回党大会は、前回との比較や中国共産党の比較を論じる人が多いが、そうではなく、第四回大会との比較が必要だというのです。その理由は「ソ連から帰国したまだ若い金日成《キムイルソン》は、いかにソ連の後ろ盾があったとはいえ、自分よりも革命の経歴も段違いな『国内派』の有力者たちと戦わなければならなかった。また、国内派を倒した後も『ソ連派』との権力闘争は続き、それに勝利し、『満洲派』と『甲山派』による権力の獲得に成功した暁に開催されたのが第四回労働党大会だった」からです。その孫の金正恩は「先軍政治」を主導した長老たち、ついで中国派との党内権力闘争に勝利した。多くの側近らの失脚は、こうした文脈でよみとくと謎だった奥の闇が浮かび上がってくるというわけです。

福島　北朝鮮と中国の関係は二〇一三年十二月の北朝鮮ナンバー2の張成沢《チャンソンテク》の粛清以来、根本的な部分が壊れたままになっていると思います。THAADミサイル配備で悪化した中朝関係に揺り戻しがあるように見えても、それは建前であって、習近平と金正恩の相性は最悪です。中国としては金正恩体制をつぶして、金正男《キム・ジョンナム》にでも挿《す》げ替えたいところでしょうが、意外に金正恩体制はしぶとい。テ・ヨンホ駐英公使の亡命を含め、今年に入り北朝鮮は十人近くの外交官の亡命があったと伝えられており、それがあたかも金正恩体制の動揺というふうに分析されているけれども、実際のところは、意外に党内権力闘争に順調に勝利して基盤を強固にしていっている証左なのかもしれません。正恩体制が強固であるか、あるいはいまにも崩壊寸前であるか、どちらにしても中朝を離反させることは日本にとってプラスです。北朝鮮は日本にとって脅威ですが、もし中朝を離反させれば、北朝鮮のミサイルを一番恐れるのは北京ということになります。日本にとって目下の最大の脅威は中国だと考えてますから、最大の脅威と小さな脅威を対立させる構造に日本が持っていければ、それが本当の安全保障上の外交的勝利といえると思いますが、相当なテクニックが必要ですね。

止まらぬ「アメリカ・ファースト」の潮流

宮崎　話題をアメリカに飛ばしますと、「アメリカ・ファースト」を獅子吼《ししく》するドナルド・トランプが正式に共和党の大統領候補に撰ばれました。七月のオハイオ州クリーブランドで開催されていた共和党大会に主流派の有力者が欠席したため、「挙党態勢くめず、トランプ苦戦」と大手メディアが書きましたが、左翼ジャーナリストらはトランプがもともと大嫌いなのです。ところが会場では「アメリカをふたたび偉大な国に」と呼びかける横断幕、「ＵＳＡ」の大きな掛け声で、トランプ演説に参加者は熱狂した。保守本流の欠席など問題ではないという雰囲気で、指名受諾演説はとうとう七十五分にもおよび、なんども拍手と歓声で中断。「長すぎる」と一部からは批判されたが、重要な内容を含んでいます。つまり基調にながれているのは拝外主義的ナショナリズム、すなわち反グローバリズムであり、これを放置すればアメリカは孤立主義に陥り、アジアの安保なんてどうでもよくなるのです。

トランプは「アメリカ・ファースト」を強調し、グローバリズムを否定し、これに恩恵を受けている富裕層、大企業、大手マスコミがクリントンを後景から操っているのだと非難した。「クリントンは彼らの操り人形でしかない」と。

彼の指名受託演説はＴＰＰ反対、同盟国への防衛負担金要求。メキシコ国境の壁を築け、イスラム教徒の入国の厳格化、そして大幅減税、オバマケアの否定と、予想されたとおりの内容が並んだのです。ＴＰＰ反対は、日本に不安感をあたえるため、日本のメディアの社説も批判的だったわけですが、政敵ヒラリー・クリントンへの攻撃が凄まじく、彼女の国務長官時代から「死、破壊、テロリズム、衰弱」が始まったのだと総括し、ニクソンのような「法と秩序」の恢復を力説し、さらに知的財産権の侵害、模造品、為替操作など、名指しで中国を批判している。

もう一つは金融政策で、「グラス・スティーガル法」の復活を主張していることですね。メキシコの国境の壁ばかりか、銀行と証券にも「壁」をつくる。これぞ「壁の街」（ウォール街）にふさわしい（笑）。しかしこれで真っ向からトランプはウォール街を敵にまわしたのです。

波乱に弱い日本人、強い中国

福島　いまの段階では、米大統領選、トランプが勝つのかヒラリーが勝つのか、私には判断がつきかねます。ですが、米国一極集中的な世界の枠組みが構造変化に差し掛かっている時代なのだと思いますし、行き過ぎたグローバリゼーションに対する逆流が各国で起きているともいえます。ＥＵという枠組みは英国の離脱の例にみるまでもなく、その機能は崩壊寸前です。米国も国力が急速に落ち、もう世界の警察官ではない、と自ら宣言するまでになった。そうなると欧米秩序の押し付けを不満に思っていた欧米外の勢力が自分たちの価値基準、秩序を主張しはじめた。それが中東のイスラム勢力の急速な台頭であり、またトルコでエルドアンが国民の支持を得ている背景でしょう。

中東の戦乱の影響で大規模な人口移動が起き、いままで信じられてきた人権や民主といった欧米型秩序・価値観を欧米人自身が揺さぶられるような民族・文化の衝突も起き、国際社会の基準、世界秩序に従った調和を求めるよりも、自国の利益を最優先する自国主義が台頭してきた。アメリカ・ファーストというのは、ルールメーカーであった米国が自国主義を訴えているわけですから、こうなると、米国をルールメーカーとして尊重する気持ちが根こそぎ奪われますね。もともと米国というのは、自国主義なんですけど、一応、正義とか建前を掲げてましたからね。

従来の世界秩序が果たして絶対のものであったかという疑念が広がってきている。そういうタイミングで、われこそが新しいルールメーカーたらん、という中国が韜光養晦《とうこうようかい》戦術を捨て、あからさまに中華秩序圏の拡大への動きを見せ始めたわけです。中東からヨーロッパにかけてイスラム秩序の台頭、アジアで中華秩序の拡大、EU崩壊寸前、米国のレームダック、こういう動きが一斉に起きている。おそらくヨーロッパの人々にとって、中華秩序の拡大よりもイスラム秩序の台頭のほうを脅威として感じているでしょうが、日本にとっては、最も切実な問題は中国の台頭、中華圏秩序の拡大なのです。

日本は、米国製ルールのもと、生真面目にそれに従い、多少の損を被ることがあっても、そのルールに安全を守られてきた従来国際秩序の最大の受益者になりました。でも、考えてみれば、そのルールは、第二次大戦で小国に過ぎないと思われていた日本の底力をみて恐れた欧米が日本に再び力を与えないように封じ込めるものでしたから、皮肉なものです。結局、日本人というのは、根本的に乱世が苦手なんですよね。世の中が不安定化したときこそチャンス、一波乱あるときが金儲けのとき、という発想をする人は中国には結構いるんですけど、日本人というのは本当に秩序のない状態に耐えられない性格だと思います。ですから、それがたとえ、人のつくったルールでも、あるいは自分たちが不利になるようにつくられているルールでも、ルールがあることに安心感を得られるタイプなので、なじんでしまうんですね。

もし米国がアメリカン・ファースト、自国主義に大きく方針を変え、世界のルールメーカーの地位が著しく後退することになり、中国秩序が台頭してきたとすれば、日本はそのはざまで、どういう立ち位置をとるか、何を目指すか、自分で考えねばなりません。まず、時代がどう動くのか、その展望、いくつかのシナリオを予想しなければならないと思います。

「世界大乱」時代こそ日本はルールメーカーとなれ

宮崎　総括的にいえば、アメリカは南シナ海問題で中国の横暴に手を出さないでしょう。時代は冷戦構造にもどります。

こうなると近未来はたちまち怪しくなり、国際情勢は奇々怪々。米国の排外主義的なトランプ現象に加えて、英国のEU離脱と欧州全体に蔓延する保守主義の胎動。つまり反移民というナショナリズムの勃興が続き、他方でトルコは近代化路線の軍事クーデターが失敗して、むしろエルドアンのトルコはイスラム路線に復帰しました。サウジとイスラエルはアメリカ離れが激しく、こうなると南シナ海に西側列強はかまけてはおられなくなっています。

それをチャンスとみる習近平は権力掌握と国内の不満をそらすために尖閣か南シナ海で戦争に打って出る危険性が高まったとみられます。

大変な世界大乱が予測される今日です。

福島　この世界大乱の時代に、日本はどのような立場をとるか、本当に真剣に考えなければいけませんね。あくまで米国のルールに従う立場のままで、中華秩序の台頭にあらがうのか。しかし、国力の弱まった米国がG2時代の到来を容認し、赤い帝国が台頭するという可能性もゼロではありません。そうなったとき、米国秩序と中華秩序のはざまにいる日本や台湾はいろいろと難しい選択を迫られるかもしれませんね。米国から距離をとり中華・アジア圏の一員になるという選択肢をいう人もいるでしょう。私は沖縄の米軍基地に反対する一方で平和憲法に固執する人たちの本音は、米国じゃなくて中国の秩序に組み入れられたいということではないかと思います。鳩山由紀夫氏などは最近、ずいぶん中国に肩入れする発言をしていますが、あれは反米リベラルの本音じゃないでしょうか。私には米国と中国を比べて中国がまし、という考えがとても理解できませんが、どこか「同じアジア人」といった幻想があるのかもしれない。

私自身の本音をいえば、もし米国の一極集中の枠組みがくずれ、新冷戦構造、あるいは多極時代を迎え、新しい国際秩序を模索するような時代がくるのだとしたら、日本もルールメーカーとして国際秩序の主要メンバーになる努力をしてほしいですね。米国の対中姿勢をうかがってばかりいるのではなく、日本自身がアジアの極を目指す外交を展開し、国力を充実させることが、実は習近平政権が目指す赤い帝国の台頭を食い止め、〝世界大乱〟の抑止になるのではないか、と思うのです。でも、それには日本人がいまの〝平和脳〟から脱し、いまがすでに乱世のはじまりであるという認識をもって、日本の国家像や日本の持つ価値観というのを整理する必要があると思います。そのプロセスに憲法改正論議も必要ではないかと思います。

終章

中国がロシア—トルコ—イスラエル基軸に加わる日

ついに中東の主導権を握ったロシア

中国は一九八九年六月四日の天安門事件で欧米日から厳重な経済制裁を受けて孤立した。せっかく離陸しかかっていた経済発展はぐにゃりと沈下し、債務不履行に陥る寸前となった。この中国の窮地を救ったのは日本で、こともあろうに天皇陛下に北京を行幸していただき、これを突破口として西側の経済制裁は徐々に解かれ、以後、中国の経済高度成長が実現した。

その恩人に対して中国は後日「反日暴動」「反日教育」、そして尖閣諸島侵略の牙を研ぐ。ロシアはどうか。

クリミア併合、ウクライナ問題で英米、EU諸国から局地的な「経済制裁」を課せられたロシアはしばしば精彩を欠いてきた。ところが昨秋（二〇一五年）のシリアへの空爆参加以後、電光石火の外交攻勢を強め、プーチンはまたまた国内でも人気を高めたばかりか周辺諸国のロシア接近が顕著となった。

おどろくべきことに中東のグレートゲームの主導権をロシアが握ったのだ。直接の契機はオバマ政権がイランと国交回復、経済制裁を解き、核開発を容認したことで在米ユダヤロビィは無力感に襲われ、イスラエルは激怒してロシアに近づき、つづいてサウジアラビアもモスクワ詣でを繰り返した。ゲームチェンジの嚆矢となった。

あらゆるチャンスを政治的に利用するのがリアル・ポリティックスだが、習近平も舌を巻くほどの政治力、北京の指導者はプーチンを見習うことになるだろう。

トルコの核兵器移転が米国のイラン核合意の密約か

こうした流動的な趨勢の変化によってNATOはトルコに配備している核兵器の移転を検討している。配備されているのは米国の核である。

「問題はその移転先であり、ルーマニアが最有力とされるが、ブルガリアであれ、バルト三国であれ、それはロシアに対する挑戦とみなす」（英語版『プラウダ』八月十九日）としてロシアの分析は次のように続く。

「トルコからの核兵器移転は中東全域のバランスを崩すことを意味し、唯一の核保有国としてのイスラエルの安全保障は高まるが、米国はイランとの核合意の密約にこのトルコからの撤去を含めていたのかもしれない」

ギリシャとはスロベニアを急遽訪問し深謀遠慮の外交をプーチンが行使したのも東方攪乱作戦の一環である。

スロベニアに対してロシアが持ちかけたのはガスパイプラインのハブ拠点、そして原油輸送の精製基地だ。プーチンは八月一日、リュブリャナに設置された「第二次世界大戦でスロベニアで犠牲になったロシア兵記念碑」の開幕式に出席した。同じスラブ民族の連帯をプーチンは強調した（スロベニアは旧ユーゴの北端、隣はイタリアだが、民族はスラブ系である）。「ロシアが新枢軸を中東に具体化し、イランとも協調体制を固めた」と米国保守系の『ワシントン・タイムズ』（八月十九日付）が見出しに掲げた。トルコの心変わりが相当にきついブローなのにオバマ大統領は深刻に認識できていないようだ。

イランの空軍基地からロシアのツポレフ長距離爆撃機が飛び立ち、アレッポのシリアの反政府グループの拠点を空爆し、ついでにＩＳの拠点も叩いた。これで欧米が支援した反アサド勢力は大打撃を受け、アサド体制は安泰、ＩＳは弱体化し、トルコはクルド武装勢力退治に専念できる。トルコはこれまではＩＳを密かに支援し、その原油密輸の利益をこっそりと分け合ってきた関係にあるが、それを捨ててＩＳ攻撃に移行したのである。

オバマはアサドを倒す、腐敗と諸悪の根源はアサド政権にあるとして、空爆を加えて、反政府勢力を支援してきたが、徒労に終わりそうな雲行きだ。イランはヒズボラを駆使し、シーア派の拠点を奪回し、ロシアはトルコをも引き込んで、とどのつまりこれは外交的にプーチンの勝利であるばかりか、中東のグレートゲームにおいて、ロシアが勝利したことを意味するのではないのか。

「オバマの失策が生んだ中東の真空をロシアがまんまと埋めた。オバマはいまごろになってロシアは頼りにならないなどとぶつぶつ言っている（Ｍｕｍｂｌｅ）」（『ワシントン・タイムズ』）

プーチン外交に刺戟を受けた中国は南シナ海で大乱を起こす

南シナ海における中国の軍事覇権をねらった大胆な行動、七つの岩礁の不法占拠ならびに軍事施設建設に対して国際仲裁裁判所は「九段線など中国の主張に歴史的根拠はない」と最終判断を示した。

提訴したフィリピンは漁民の利益を守るためにも「受け入れる」としたが、中国は開き直り、「あんなもの（判決）は紙くず」と放言し不法占拠を続ける。ＡＳＥＡＮ諸国のうち、領有権を争うブルネイ、インドネシア、マレーシアを沈黙させ、残る対立国家はベトナムだけとなった。ラオス、カンボジアとタイは中国のロビー活動に籠絡されてしまった。それというのも日本があまりにも頼りないからである。

しかし習近平のパラノイア的軍事路線を危険と判断した米国は、ソフト路線を後退させ、軍事的対決へ舵を切り替えた。

二〇一六年八月、中国は尖閣諸島の海域へ海警の艦船ならびに漁船を二百数十隻も送り込んでの武嚇行為。漁船に乗り込んでいたのは海上民兵だった。まったく反省など見あたらない。そもそも中国高官は国連の場において「尖閣は日本が盗んだ」などと放言を繰り返しているのである。

こうなると南シナ海に大乱の兆しがある。

それればかりではない。米国では「アメリカ・ファースト」を獅子吼《ししく》するトランプが共和党の大統領候補に正式に選ばれ、TPP反対、グラス・スティーガル法復活、メキシコとの国境の壁をつくりイスラム不法移民の排撃など「反グローバリズム」を掲げた。

これはオバマ政治の否定である。

時代は冷戦構造にもどりそうな気配で、予期せぬ出来事の嚆矢は英国のEU離脱だった。このことで弾みがついた全欧の保守政党は大躍進を遂げ、リベラル派が集まるEU議会を困惑させる。

つまり移民排斥というナショナリズムの勃興が続き、他方でトルコは近代化路線の軍事クーデターが失敗、むしろエルドアンのトルコは独裁的なイスラム化路線に復帰しようとして、西側にくるりと背を向けた。

トルコは経済構造をEUならびに西側に依存しており、ガス、石油がロシア、カフカス、イランに依存するという構造なのである。外貨の稼ぎ頭は観光、ついでEU諸国がトルコに進出しての製造業だ。その観光がＩＳのテロで壊滅状態となって背に腹は替えられなくなった（ドイツから年間四百万、ロシアから三百万、日本からも年間十五万人ほどがツアーを組んできたが、近年日本からの団体客はゼロに近い）。

敵対関係を蒸発させるのがリアル・ポリティックス

リアル・ポリティックスとは過去の敵を簡単に忘れさせ、敵対関係を突如蒸発させる。トルコとロシアは犬と猿、水と油、関係改善はあり得ないと展望された。

トルコの空軍基地に米軍機は駐留しており、ＩＳへの空爆を続行しているがこの状況にＥＵが介入した。欧州評議会事務総長（ＣＯＥ）のトルビョーン・ヤクラントは物見役としてアンカラ入りし、トルコ政界の様子を探った。

一方、軍事的関係の深い米軍はジョセフ・ダンフォード統合参謀本部議長がアンカラを訪問し、今後の軍事作戦の協同を確認した。しかし米軍の最大の関心事はＮＡＴＯの重要メンバーであるトルコが、これからも引き続き信頼に足るＮＡＴＯの先端としての役割を担うかどうかにある。

ここまで米国、ＥＵ、英国が強権政治のエルドアン独裁を非難せずに、いや寧ろ卑屈な態度でアンカラに歩み寄る理由は何か？

それはエルドアンのロシア訪問という劇的な外交の乱数変化に隠されている。

第一にトルコがＮＡＴＯを離脱しＥＵと敵対するという恐怖のシナリオをＥＵ首脳は懸念している。これは現下の情勢から判断するなら杞憂に過ぎないが、シリア内戦、ＩＳのテロのトバッチリで発生した大量難民の問題で、トルコとＥＵ、とくにトルコとドイツが揉めに揉めた。

第二にドイツはロシアからのガスをウクライナを経由せず、すでにバルト海の海底パイプラインを使ってポーランドさえパスして輸入するルートを持っている。ウクライナ経由のガスはほかの東欧諸国と中欧へと繋がる。

第三にロシアはブルガリア・ルート（サウスストリーム）を推進してきたが、ブルガリアがＮＡＴＯに加わったことに激怒し、このプロジェクトを中断、替わりのルートが「トルコストリーム」である。

このプロジェクトはトルコのロシア機撃墜で中断したが、エルドアンのロシア訪問で中心議題となり本格的な再開が予測される。

すでにトルコにはロシアのガスパイプラインがカスピ海からトルコ南部を通過し地中海の拠点へ繋がるセイハンルートが確立している。「トルコストリーム」は、これとは別にトルコを経由してギリシアからバルカン半島を北上し、イタリアなど南欧に輸出する拠点ルートとなる。

第四にガスプロムは二〇一五年だけでもトルコへ二七〇億立方メートルのガスを輸出した。新しいルートはこれらのガスビジネスの拡大にあり、しかも隠れた目的はEUが目論むカスピ海パイプラインの構想を破壊する爆発力がある。EUが杞憂するのはこのポイントにある。

第五にロシアは、これにより従来のウクライナルートを絶ちきることができる。ロシアに刃向かうウクライナへの陰湿な報復であるが、それでもEUならびに英米はポロシェンコ政権を支援し、ロシアと政治対立は継続している。

このような事態の変化にEUは焦燥をつのらせてきた。

代案は①米国のシェールガスLNG輸入拡大。②イスラエル沖合の海底油田から得られるガスの商業化である。イスラエルのガスはエジプトへ輸出されているが、拠点構築が完成すれば南欧諸国への輸出が軌道に乗る。そして③カタールのガスをサウジ経由でヨルダン、シリアへパイプラインを敷設し、シリアからEU諸国へルートを開拓するアイディアの実現である（この案はしかしシリアのアサド政権が蹴飛ばした）。

東欧諸国、とりわけポーランド、ハンガリー、チェコ、ギリシアがドイツと揉めている理由は難民受け入れ問題である。

これまで円滑化していたEU諸国内のドイツとの宥和は、一瞬にしてメルケル批判に転じた。しかもハンガリーなど国境に鉄柵を設けて、堂々とシェンゲン協定に違反しても大統領の国民の人気は高く、この列にはブルガリア、ルーマニアなどが続く。

他方、ロシアと旧東欧諸国との確執はウクライナ問題で先鋭化し、ポーランドのほか、ジョージア（グルジア）、エストニア、モルドバとは政治的対立が持続されている。

「大帝国」を本気で目指すロシア、トルコ、中国

サンクトペテルブルクにあるコンスタンチン宮殿は別名「プーチンのお屋敷」といわれる。これはサンクトペテルブルクの「プーチン大統領宮殿」でもあり、宿泊もできるためG20の会場ともなった。

ロシア革命前、この宮殿はコンスタンチン公が建設を始め、フィンランド湾に面する大理石の宮殿だった。ニコライ皇帝の長男が受け継いだ。革命後、宮殿は荒れ果て、第二次世界大戦で破壊されたまま放置され、二〇〇〇年までは幽霊屋敷といわれた。近くには豪華絢爛なピョートル大帝の宮殿があり、観光客がひっきりなしだが、このコンスタンチン宮殿はガイドブックにも出ていない。二〇〇三年にサンクトペテルブルクでG20の開催が決まると、プーチンは荒廃した宮殿を蘇らせ、サンクトにおける迎賓館としても外交利用

することを思い立った。膨大な国家予算をぶち込んで、壮麗な宮殿を急ごしらえした。

コンスタンチノープルの陥落は一四五三年、オスマントルコが東ローマ帝国を滅ぼして、地域覇権を確立し大帝国を築いた。

エルドアンの夢見るのは「オスマントルコ帝国」の復活である。

プーチンは、サンクトのプーチン屋敷が昔「コンスタンチン宮殿」といわれた歴史的経緯を思い出し、エルドアンに華を持たせることを思いついた。しかしあくまでもロシアからみればトルコは風下であり、国家元首を呼びつけなければならないのだ。

プーチンは前日の八月八日には、トルコの隣アゼルバイジャンにいたのである。しかもアゼルバイジャンは民族的にはトルコ族であり、アンカラとバクー政権は強い連帯で結ばれている。だが、プーチンはアゼルバイジャンから近距離のトルコへは移動せず、わざわざサンクトペテルブルクでトルコの大統領を迎える儀式を行うことにしたのだ。

習近平がプーチンの野望に加わる悪夢

プーチンはアサド政権を支援し、トルコはアサド体制打倒。このポイントは水と油の関係。クルド族武装組織に関しても、意見の相違はなかった。しかしEUが杞憂したようなトルコの暴走はなく、NATO諸国もエルドアンの抑制された行動に暫時安堵した。ロシア、トルコ双方にとってこの会談はEU、NATO、米国を揺さぶる外交戦術として巧妙に演出され、政治宣伝道具としてフルに駆使されたわけだ。

そして極めつけがある。

ロシアにとっては「トルコがNATOから脱退する」ことが本音の希望である。ロシアのメディアが一斉にトルコ、NATO離脱かという観測記事を連続して掲載し始めている。「NATOはトルコを失うだろう。それはひとえにNATO同盟のミステイクから起きるのだ」（英語版『プラウダ』八月十一日）。

非合法に政権を掌握しようとした軍事クーデターは「法治の原理に背く」として西側はトルコの民主主義を称賛したが、その後の反対派への弾圧に対しては一斉にエルドアン批判を展開し、軍人、警官、教職員、公務員のパージは「民主主義の手続きを踏んではいない」と非難してきた。

すっかりつむじを曲げたエルドアンがこれみよがしにロシアとの蜜月を演出するのは、外交的牽制であり、またNATO諸国への外交カードでもある。

最初は小さな歯車の狂いでも、修正が遅くなればなるほどに復元回復は不可能となる。もしエルドアンの暴走を西側が放置すれば、次の中東のグレートゲームはロシアの優位という状況になる。

いずれ中国はこのゲームチェンジを総括し、将来を計算し、モスクワ―アンカラ―テヘラン枢軸に加わろうとするであろう。

二〇一六年初秋

宮崎正弘

[略歴]

宮崎正弘（みやざき・まさひろ）

評論家

1946年金沢生まれ。早稲田大学中退。「日本学生新聞」編集長、雑誌『浪曼』企画室長を経て、貿易会社を経営。82年『もうひとつの資源戦争』（講談社）で論壇へ。国際政治、経済などをテーマに独自の取材で情報を解析する評論を展開。中国ウォッチャーとして知られ、全省にわたり取材活動を続けている。中国、台湾に関する著作は五冊が中国語に翻訳されている。代表作に『日本が在日米軍を買収し第七艦隊を吸収・合併する日』『日本と世界を動かす悪の孫子』（ビジネス社）、『中国大分裂』（ネスコ）、『出身地で分かる中国人』（ＰＨＰ新書）など多数。最新作は『世界大乱で連鎖崩壊する中国 日米に迫る激変』（徳間書店）。

福島香織（ふくしま・かおり）

ジャーナリスト

1967年、奈良県に生まれる。大阪大学卒業後、産経新聞社に入社。文化部、社会部などを経て香港支局長、北京特派員、政治部記者を歴任。2009年からフリージャーナリストとして主に中国、中華圏の政治、社会、経済、文化をカバーする。多角的な取材を通じて“近くて遠い隣の大国"の姿を精力的に伝えている。著書に『権力闘争がわかれば中国がわかる』（さくら舎）、『本当は日本が大好きな中国人』（朝日新書）、『中国の女』（文春文庫）など。

暴走する中国が世界を終わらせる

2016年10月9日　　第1刷発行
2016年11月1日　　第2刷発行

著　者　宮崎正弘　福島香織
発行者　唐津 隆
発行所　株式会社ビジネス社

〒162-0805　東京都新宿区矢来町114番地 神楽坂高橋ビル5F
電話　03(5227)1602　FAX　03(5227)1603
http://www.business-sha.co.jp

〈装幀〉中村聡　〈本文組版〉エムアンドケイ　茂呂田剛
〈印刷・製本〉中央精版印刷株式会社
〈編集担当〉佐藤春生　〈営業担当〉山口健志

ISBN978-4-8284-1915-2